英米と日本の近代化比較

文化から組織へ

小林正彬

Kobayashi Masaaki

御茶の水書房

はしがき

日本の近代史を執筆してきた者として、滞在した欧米での経験を日本と比較し、また、その時点での英米研究者の日本近代化研究を紹介することが、本書刊行の目標である。

『戦後海運業の労働問題』、（日本経済評論社、一九九二年）を執筆したとき、労働問題の研究者は、労働者、使用者、政府のどれかからのみ、アプローチしていることを知った。

「近代化」についても、日本の学会は、人類学、社会心理学、経済史学等に截然とわけられ論じられている。経営史学も、組織、経済からのみ追究、文化は落ちている。前掲拙著は、戦前について『海運業の労働問題』（日本経済新聞社、一九八〇年）を執筆したから書けた。つまり、近代化も、一九七〇年代、八〇年代、九〇年代の流れから、英米の日本近代化研究を検討して現在の理解につなげることが重要である、と考える。

初めての留学にイギリスを選んだ一九七一年、日本の海外渡航自由化は一九六四年四月一日で、六九年の渡航者七一万人、二〇一一年は一七〇〇万人。海外渡航が希少価値をもっていたときである。二度目のイギリス行きは一九八八年、一ポンド九〇〇円が二三〇円、一ドル三六〇円が一三〇円、円高となり海外へ行きやすくなった。イギリスがスペイン無敵艦隊を破って四〇〇年目で、“ARMADA1588-1988”という名称をつけた記念品が売られていた。

スペインとポルトガルに代って、イギリスの植民地支配が進行。スペイン攻撃の軍艦を出した港湾 Plymouth から一六二〇年、清教徒 Pilgrim Fathers 一〇二人がメイフラワー号で六六日かかってアメリカに渡った。プリマスには、

PILGRIMSというレストランもある。日本発行の地図は太平洋を真中に左に欧州、右に米大陸で、英米は遠いが、実は近い。こうして、清教徒到着の北東部から植民地が進行、独身女王名のバージニア州もある。

鎖国を解消した明治以降の「日本近代化」のモデルはイギリスであり（杉山伸也・ジャネット・ハンター編『日英交流史1600–2000（経済）』東京大学出版会、二〇〇一年）、次に、両大戦で重化学工業のリーダーとなったアメリカが「現代化」のモデルとなった（山崎広明・橘川武郎編『「日本的」経営の連続と断絶』岩波書店、一九九五年）。

そして、一九七一年は、大きな問題が発生した年であった。八月一日に日本を出発すると、同月一五日、ニクソン大統領の金・ドル交換停止のドル防衛、一〇月二五日、中国国連代表権承認、天皇ヨーロッパ訪問（九月二七日–一〇月一四日）がそれである。

第一章では、近代化の完結としての市民社会実現まで、維新で政府に対抗した「人民」は帝国議会開設で「臣民」に落ち、戦後、「人民」復活から「市民」への動きを序論とする。

第二章では、下宿・博物館・地域性・大学の日本研究。天皇訪欧に英作家や新聞の、日本批判をふくむ記事を紹介する。

第三章では、一九〇二年日英同盟以後、日本が敵となった今次大戦が日本研究の始まり。一九八八年欧州学者も参加の英ダラム大学での日本研究大会と、日本産業の位置をみる。

第四章では、一九六〇年日米学者箱根会議で「近代化」が論争。R・ベネディクト『菊と刀――日本文化の型――』（社会思想社、一九六七年）のパーソナリティ重視から、政府と企業の連携やその合理性評価へ移ったこと。

第五章では、後者重視の米C・ジョンソンの通産省評価、英R・ドーアの近代化を文化より組織、日本の雇用制や経営合理化をアジアと比較した著書を紹介する。

制度も文化や倫理を無視できないし、果たしてイギリスが日本へ収斂していくのか、戦後日本も集団的結束は残るという反論を紹介。「近代化論」の現状を総括する。

補章では、欧州一三カ国、ギリシヤに行った一カ月を、日本と比較して提供した。

なお、本書が目標とした比較研究で、筆者の大学院同期の間宏『イギリスの社会と労使関係』（日本労働協会、一九七四年）は、R・ドーアなど英三教授と岡本秀昭氏の協力で、企業労働を階級・集団・個人主義で検討した研究である。中流階級保持から怠惰な「英国病」、働き中毒の「日本病」が、一九六九年段階で発生していることを知る。

日本人のパーソナリティーは、ベネディクト『菊と刀』の基礎となる戦時中に委託執筆した『日本人の行動パターン』（NHKブックス、一九九七年）も公けとなる。ベネディクト書を契機に、バブル期の一九七〇－九〇年、宮城音弥『日本人の性格』（朝日新聞社）、会田雄次『日本人の意識構造』（講談社）、南博『日本人論の系譜』（講談社）、同『日本人論』（岩波書店）、濱口恵俊編『日本文化は異質か』（NHKブックス）、濱口・公文俊平編『日本的集団主義』（有斐閣）など、最後の二冊を除き、京大出身者が執筆した。筆者としては、これら評論はあまり評価しない。鎖国からきたと考えるからで、和辻哲郎『鎖国―日本の悲劇』（筑摩書房、一九六四年）をオックスフォード大の日本研究者に贈呈もした。

留学時、ラジオの Top of Form で二中学二人の代表へ、この町はどの海に臨むか、ethnographer（民族誌学者）って何、と一人が答えないと他の一人に聞く。代表なのに個人で答えさせてる点が、日本の「集団主義」は皆で相談するのに、イギリスの「個人主義」を感じた。

かように、個人の思い出で英米文化との違いに触れることは簡単であるが、「近代化」とは、わが国においては〝黒船〟の姿で現れた異質文化との出遭いであり、西欧文明の受け容れ〝西欧化〟そのものであり、それが深化されるまでに一世紀もかかった。

したがって、欧米研究者は現在の日本近代化をどうみているか、日本の文化から組織への動きをどう評価しているかを確認しておきたいと考え、本書を編纂したのである。

英米と日本の近代化比較　目次

目次

はしがき……i

第一章　日本における市民社会への発展……3

一　日本における市民概念の変遷　3

はじめに　3

封建都市・堺の限界　4

町人社会と市民社会　4

明治維新と市民革命　6

「人民」より「市民」への変遷　7

二　明治官僚の富国の理念――政府の論理――　9

工部省の成立と大隈重信　9

内務省の成立と大久保利通　11

河瀬秀治の「勧業論」　13

三　ブルジョアジーの政府批判――「人民」の論理――　14
福沢諭吉の政府批判　15
田口卯吉の政府批判　17
明治政府の勧業政策の成果とは　19
四　文明開化と啓蒙思想のゆくえ――「人民」の分裂――　20
啓蒙思想と利己心　20
福沢諭吉と『文明論之概略』　21
福沢諭吉の思想的転回　23
五　自由民権運動の挫折と強兵の思想――「臣民」の出現――　26
国会開設・憲法制定運動と民権　26
民権運動の対立と挫折　27
中江兆民と『三酔人経綸問答』　29
帝国議会開設と強兵の思想　31
六　明治後期から現在にいたる市民生活――「平民」から「市民」へ――　32
平民主義・平民新聞と「平民」　32
大正・昭和の変動　33
ファシズム・戦争と「国民」　35

敗戦・二・一ストと「人民」　36
日本の市民社会――おわりに――　37
第二章　イギリスからみる日本近代化……39
第三章　イギリスでの日本研究大会……87
はじめに　87
一　イギリスの日本研究　89
二　ヨーロッパの日本研究　97
三　日本研究協会大会報告　103
四　日本企業の北東部進出　114
五　イギリスからみた日本　119
第四章　アメリカからみる日本近代化……127
一　序――日本研究の各段階　127
二　価値体系――phase analyses　130

三 日本の奇跡―stage analyses 136
四 結論――経営近代化の方法 142

第五章 「日本近代化論」再考――英米研究者のみる日本的経営―― 149
はじめに 149
一 *MITI and the Japanese Miracle* 152
二 *Area Studies and Social Sciences* 164
三 *British Factory-Japanese Factory* 173
四 日本は近代化のモデルとなりうるか 180

補章 滞欧日記 185
Amsterdam より Napoli へ 185
Athenai より Paris へ 198
おわりに 213

あとがき 219

初出一覧……222

英米と日本の近代化比較

――文化から組織へ――

第一章　日本の市民社会への発展

一　日本における市民概念の変遷

はじめに

一九七六年二月、アメリカ上院多国籍企業小委員会での追求を発端とするロッキード社の贈賄事件は、ただちに日本に報道された。そして、日本でも商社、航空会社、右翼、政府高官の収賄が明るみに出ると、これを非難する世論は巻き起こった。「ロッキード問題を追求する市民の会」が結成され、この会はこの問題を徹底的に究明し民主政治を破滅から救うため「市民」が行動を起こそうという内容の「よびかけ」を採択したことを、『朝日新聞』二月一九日号は報じている。こうして、ほうぼうに「市民」という名をつけた団体が生まれたが、われわれは、今や、この「市民」ということばを、何のためらいもなく使っているし、また、受け容れていることに気づくのである。では、日本における市民概念がここまで定着するには、どのような経過があったのか、遅れて市民社会へ向け出発したわが国には、どのような苦悩があったのか、わが国における市民概念の移り変わりをみるのが本章の主題である。

封建都市・堺の限界

市民社会への契機は明治維新以降の近代において初めてもたらされたことは異論がないところであろう。封建社会においても、たとえば堺の町が日本における市民社会の早期的成立の契機となるかにみえたが、これは近世初頭において制圧された。堺は、応仁の乱後、奈良を背後にひかえて遣明船の発着港となり、従来の座にしばられない商工業者を集め、定期市が開かれた。貿易の盛んなときには二万人以上の人口をかかえたといわれる。市街は南荘と北荘から成り、自治は独立して行われた。それぞれ年寄衆ないし町代という組織があり、各町の有力町人三六人が選ばれて会合衆《えごう》が形成され、祭礼の費用をもち、木戸を設け、濠をめぐらし、武器を備え、牢人をやとうなど、防禦態勢も万全であったという。そして、織田信長が一五六八（永禄一一）年、矢銭を賦課してきたとき、堺はこれを拒否し、三六人衆は抗戦を決意した。かように自由都市として権力から相対的に自立していた堺は、尼崎や博多などとともにわが国都市の歴史の上で特異な存在をなすが、矢崎武夫『日本都市の発展過程』（弘文堂、一九六三年）が断定するように、戦国時代の封建権力均衡の上に門閥町人の成長を通じて生まれたものにすぎず、強力な近世支配者（豊臣秀吉）が現れ、全体の統一が始まると武装を解かれ、封建体制下にくみこまれてしまうのである。以来、近世都市の多くは城下町として発達し、領主権力の有力な財源と目され、年貢・諸役を負担する一方で、領主権力に接近することによってブルジョア化を進めたが、遂に封建権力から独立する存在とはならなかった。三井・鴻池・住友などが、結局は御用商・商業高利貸資本としてとどまったのである。

町人社会と市民社会

近世封建社会、すなわち江戸時代の商工業者は「町人社会」を形成した。「町人」も「市民」も「まちのひと」であり、イギリスのシチズン（citizen）、フランスのシトワイアン（citoyen）、ドイツのブュルガー（Bürger）と変りはなく、その内容も商人と手工業者をふくむ点で同一であるという考えもある（土屋喬雄『日本経営理念史』日本経済新聞社、一九六四年）。たしかに三井は、有名な「現銀安売懸直《かけね》なし」すなわち現金による定価販売という近代的デパートの始まりともいうべき販売政策を、一六八三（天和三）年ごろから実施した。この点でヨーロッパ商業との比較において劣るものではなかった。また、石門心学の創始者である石田梅岩は、『都鄙《とひ》問答』（一七三九）を著わして商人道を説いた。「商人と屏風は曲めねば立たず」といわれ、士農工商という区分の最下位に甘んじていた商人も、正道、すなわち誠実・親切な心をもって買主の心を尊重して売るならば、富を蓄積することが認められるべきだとした。こうして、江戸時代において新しい販売政策、新しい商人道を打ち立てたものもあり、近年、日本町人の進取的な姿を評価し直そうという動きがある。

しかし、三井は結局は御用商としての位置を利用して情報を集め、幕府から維新政府への乗りかえを見事に果たすことで権力と結びつく道を選び、梅岩また、封建支配者である武士階級に対する反抗を目指すものではなく、封建道徳である儒教の教える範囲を越えるものではなかった。

日本の「町人社会」は西欧諸国の「市民社会」が近代への過渡期に封建権力に対して果敢にレジスタンスしたような方向をとらなかった。これは鎖国により世界市場から分離されたため遠隔地貿易を行う巨大商業資本が発展せず、武士階級に対するレジスタンスは内向し、封建社会を打倒する勢力を生みだすにいたらなかったためである。もちろん商業高利貸資本の発展は、それなりに封建社会を切り崩し、ペリー来航をきっかけとする開国と、貿易にともなう物価高や封建制度そのものの政治的混乱が、農民一揆・打毀しを引き起こし、これらが明治維新をもたらす原動力となったことは認めなければならない。

なお、日本の封建社会において「市民」ということばは使われたかどうか。この点については、名古屋城二の丸にある城主の居間の障壁画には「市民遊楽図」と題するものがあった。また『東海道名所記』という書物には、「我等ごとき市民迄も安楽にさかえ、美々敷《びびしき》こと共を見聞事《みきくこと》の有がたさよ」とあるが、これらは稀な例であった。したがって、「市民」より「町人」のほうが一般的で広く用いられたことはたしかであろう。かように、封建社会におけるブルジョアジーは日本では町人であるが、被支配者一般の呼び名でいうと「下民」となる。もっとも支配する側では支配者と被支配者をはっきりと識別する観点から「人民」ということばも使ったといわれる。しかし、封建体制下では身分がはっきりと分割されているので、彼らが自己を「人民」と呼んだり、諸身分（農工商）を総括して、われわれ人民というようなことは起こりえなかった。

明治維新と市民革命

明治維新によって成立した国家がブルジョア国家か、たんなる絶対王制の成立かについては、日本資本主義論争上、重要な問題となっている。しかし、ブルジョア革命の所産と考える論者も、それが欧米のような市民革命と同じものとして認識しているわけではない。不徹底なブルジョア革命であり、絶対王制的でもある点を否定してはいない。ブルジョア革命説を採る大内力氏の場合もプロレタリア革命はプロレタリアート（人民）が主体でなければいけないが、ブルジョア革命はかならずしもブルジョアジー（市民）のみが主体で起こした革命ではなく、さまざまな階級が集まって旧体制を打倒したものとし、ブルジョアジーぬきのブルジョア革命を唱える。また、河野健二『フランス革命と明治維新』（日本放送出版協会、一九六六年）は日本の学者の通説となっているフランス革命をブルジョア革命の典型のようにみる見方は史実として正しくなく、それが市民革命の典型ではないという論法から逆説的に明治維新の進歩性を強調するという方法をとって、維新をブルジョア革命とする。大内・河野両氏とも維新政府の行った政策、たとえば地租改正は決して封建体制のそれと同じものではないという。一方、絶対王制説は戦前から日本の学界の主流をなすが、現在では戦前とは違う動きが認められる。遠山茂樹氏のように明治維新をたんなる政権交代劇として旧幕時代との違いを認めない立場はむしろ少数となり、井上清氏のように絶対王制の成立としながらも、近代的民族統一国家としての成立を重視する見方が、年々強くなっている。

いま、これらの論争にふみいる暇はない。しかし、維新は決して「御一新」ではないことは事実であるが、政治上、経済上、意識上で大きな変化をもたらした変革であったことは否定できないのではなかろうか。旧幕時代と明治時代を同じ年数だけ生きた当時の知識人の典型、福沢諭吉（一八三四～一九〇一）によって、後述するように明治維新は大きな変革として認識されていることも注目される。

「人民」より「市民」への変遷

明治前半期、「人民」ということばは福沢諭吉その他当時の人びとによってしばしば使われている。しかしこれは前述のような、幕藩体制の支配者が自己と識別するため使っていた「人民」とは全く逆に、被支配者が自己を認識した結果、みずからを「人民」と呼んでいるのであり、そこには政府に対抗する意味が込められている。それは、自由民権運動において、より明確となる。

その時期以降、「人民」は民権運動の挫折、帝国憲法の制定、そして帝国議会開設（一八九〇）によって「臣民」の地位におとされる。そして、かような動きに批判的な階層は「平民」を自称し、平民主義、『平民新聞』発刊など

市民概念の変遷と背景

市民概念	主要背景		時代
「人　民」	王政復古	1868	
	岩倉一行欧米巡回	1871 ～ 73	
	工部省成立	1870（85 廃止）	
	内務省成立	1873	
	西南の役	1877	
	農商務省成立	1881	
	明治 14 年の政変	1881	明　治
	秩父事件	1884	1868 ～ 1912
「臣　民」	大日本帝国憲法公布	1889	
	帝国議会成立	1890	
	教育勅語公布	1890	
	日清戦争	1894 ～ 95	
「平　民」	日露戦争	1905 ～ 06	
	大逆事件	1910	
「庶　民」	第一次大戦	1914 ～ 17	
	米騒動	1918	大　正
「常　民」	関東大震災	1923	1912 ～ 1926
	普通選挙法成立	1925	
	金融恐慌	1927	
	世界大恐慌	1929	
	満州事変	1931 ～ 32	
「国　民」	5・15 事件	1932	
	2・26 事件	1936	
	日中戦争	1937 ～ 45	
	国家総動員法公布	1938	
	太平洋戦争	1941 ～ 45	昭　和
「人　民」	敗戦	1945	1926 ～ 1977
	天皇人間宣言	1946	
	日本国憲法公布	1946	
	2・1 スト中止	1947	
	朝鮮戦争	1950	
「住　民」	新日米安保条約	1960	
	光化学スモッグ、ヘドロ公害	1970	
「市　民」	ロッキード事件	1976	

が明治後期に出現する。そして、大正・昭和期に入ると慢性的不況、大恐慌の洗礼を受け、ただの人である「常民」、そして好景気に無縁で不景気に大打撃を受ける「庶民」が世の中にあふれてくる。彼らは景気が悪くなると真先きに整理され、失業者となる人びとである。そして、大恐慌の脱出をはかって仕掛けられた満洲事変、それに続く日中戦争、太平洋戦争と、ファシズム、アジア侵略の坂をのぼりつめる過程で大正デモクラシーのときの庶民は変貌を遂げ、「国民」が出現した。

そして、敗戦時のどん底において「人民」がふたたび登場するが、これは労働者・農民を指し、かつての「人民」

とは違う広範な連帯感を響かせている。そして一九六〇年代の日本経済の高度な発展は、ようやくゆがみをみせてきた。すでに人びとが住んでいる場所に新しい計画が適用され、立退きが強要される。日照権・騒音・基地問題など「住民」の生活環境を脅かすものに対する抵抗が始まった。ところがこの段階ではまだ、被害者以外から「住民エゴ」と呼ばれる余裕をもっていた。しかし、一九七〇年代、国民総生産が資本主義世界第二位と、経済規模がひと回り大きくなると、都市化が進み、生活がより豊かになる一方で、「日本列島改造論」の実施とともに水質汚濁・大気汚染・食品添加物・交通地獄・新幹線公害などが人びとの生命さえ危険にさらし始めた。それはもはや、住民運動の次元から「市民」参加段階に進み、この解決なしには市民生活が営めないところにきている。

以上、「人民」から「市民」へ、この一世紀の市民概念の移り変わり、その歴史的背景を、そのときどきの思想に留意しながら、みていくことにしよう。

二　明治官僚の富国の理念——政府の論理——

工部省の成立と大隈重信

日本工業化の初期段階における富国強兵策の担当者を帝国議会成立の直前、一八八九（明治二二）年末までにみると大久保利通（大蔵卿・内務卿、薩摩出身）、大隈重信（大蔵卿、肥前出身）、伊藤博文（工部卿・内務卿、長州出身）、松方正義（内務卿・大蔵卿、薩摩出身）などである。かれらに共通する工業化の理念は先進国に追いつくことにあったことはいうまでもない。そのため着手されたのが富国政策、特に殖産興業政策であるが、それは主として工部省、内務省を通じて行われた。もっとも、これら殖産興業の行政舞台そのものが薩長土肥のポスト獲得の対象とされており、彼らに共通する富国の理念をさぐることは容易ではない。そしてよく知られているように、政策は大隈重信─井上馨─伊藤博文─木戸孝允という開明派官僚と、岩倉具視─大久保利通という保守派官僚の対立として、まず現れる。

一八七〇（明治三）年閏一〇月設立の工部省は開明派の設立になるものである。その設立の趣旨は「工部院建置之議」「工部省ヲ設クルノ旨」に明らかにされている。前者は前半で次のようにいっている。すなわち、「現在、ヨーロッパ諸国はイギリスを除くほか、立派な一局を建てて生産の実績を挙げ、人民の幸福や不幸に干渉する事業を起こすことを国家の緊急の務めとしている。ところがイギリスのみは他の国と異なり、各人が自由の権利をもって立法の基礎としている国風であるので、大事業の多くは人民中等の者（中産者）によって手がけられたので、これらの事務を政府に委せることを好まない。しかし、わが国はイギリスとちがって、ばらばらに分れている小局を合併して一大局をうちたてて諸業を統轄する必要がある」としている。また後者は「農業、工業、商業三業はいずれも国富のもとであるが、なかでも工業（「工芸」）はその用途がもっとも広大で富強の道は工業の発展以外にはない。西欧諸国においてその国の優劣を何できめるかといえば、それは第一に政府が物事の道理（「条理」）をわきまえているかであり、第二に工業技術がたくみかどうか、そのさかんかどうかをもってきめる。しかし、すでに鉄の世界に入っている現在、工業こそは富国強兵の基礎であるから、さまざまな工業を導入し、上は国家を富まし下は一般の人びと（「民庶」）に利益を与える」工部省設立の重要性を説いている。

以上、「工部院建置之議」も「工部省ヲ設クルノ旨」も富国の基礎が工業にあることが強調され、これは以後一〇〇年の日本のあり方を規定したことは否定できない。しかし、大隈重信執筆とされているこれら二文書の特色は、ともにイギリスを市民社会の典型として認識していたことである。すなわち、「建置之議」はイギリスでは各人が自由の権利をもって立法の基礎としていて、中産者が大事業を営み、国家の干渉を嫌うとしており、また「設クルノ旨」はその国の優劣はまず政府が物事の道理に沿っているかを問題にし、工業の発達の有無は二番目であるということの認識である。これはイギリスには行っていないが、英学を学び、書物からイギリスというものを素直に認識していた大隈でなければ書けない文書であるといえる。つまり、政治体制が第一にとらえられていた点を記憶すべきであろう。

もっとも、「建置之議」ではイギリスを例外扱いとしてむしろ工業化に干渉するような一局の設立を要するとし、また、「設クルノ旨」でも、前述の叙述に続けて鉄道の建設や電信の敷設がいずれも軍事力増強の一環として必要であるとしている――当時の保守派が国枠主義の立場でこれらの導入に反対していた点から、軍事力増強の強調によって彼らの賛成をとりつけるため大隈が仕掛けたわなともとれるが――面も無視してはならない。

内務省の成立と大久保利通

一八七一年一一月より七三年九月の約一年一〇カ月にわたる岩倉具視らの欧米巡回は、維新直後の政治的不安定のときに閣僚や高級官吏、技術者が日本を留守にして視察して回ったもので、そのスケールといい、かれらの視察ぶりの勤勉なことといい、古今東西、その比をみないものであった。副使として参加した大久保は、アメリカについては伊藤とともに条約改正文書の件で一時帰国したため、四カ月滞在したとはいえ、あまりみていない。しかし、イギリスを四カ月、フランスを三カ月十分にみている。特に、イギリスの富強であることに感嘆の手紙を西郷らに寄せており、渡辺国武（のち、大蔵大臣）によると、大久保の生涯は前半を幕末から欧米巡回まで、後半を欧米巡回後としてよい、といわれるほど大きな影響を受けたという。また、この視察で、大久保の意識は、大隈ら開明派を理解できる域に達したとみることができる。

大久保は帰国直後、殖産興業の一大ビューローとして内務省を作り、みずから内務卿となった。七三年一一月であった。大久保は七四年五月に出された「殖産興業に関する建議書」ではまず、イギリスを次のように捉えている。すなわち、航海条例を制定して外国船による輸送を禁じ、船舶が増加して工業が盛大となってから初めて自由貿易を許したのが「今日ノ富強ヲ致ス」原因と受け取られ、その点を模範とすべきで、しかも「我国ノ地形天然ノ利ハ英国ト相類似スルモノガアル」からなおさらであるとする。また、これに続けて、大久保の目には一般のわが日本人の気性は特に「薄弱」と映っており、政府はその「薄弱ナル者ヲ誘導督促シテ工業ニ勉励忍耐セシムル」義務を負うとする。ただ内務省はたんに農商工三業の奨励や山林・樹木の保存、海運の補助だけでなく、内治を整えることをその設立の目的としているため、内務省予算は大蔵省、工部省をもしのいだ。

こうして内務省は「商船事務管掌三様ノ区分」（七五年五月）により民間海運、特に三菱補助を打ち出し、これが三菱成長の最大のきっかけとなったことはよく知られている。鉱山と鉄道の官業を中心に統括した工部省（七一年九月より伊藤博文が工部卿）に対して、内務省は上述の海運補助のほか、富岡製糸所の経営による洋式製糸の模範官業などにその特色を発揮した。ただ、大久保は内務卿ではあるが、大隈大蔵卿、伊藤工部卿を両翼に独裁体制を敷きつつあったので、事実上の総理大臣として富国強兵策の最高責任者であった。そのため、明治初期開明派の創立になる工部省の工業化政策などは地に着いたものという認識をもっていなかった。そして「実力ヲ養フ」必要をいつも述べており、七六（明治九）年六月の「行政改革建言書」でも政府の殖産興業政策――工部・内務を問わず――を総括、次のように反省している。

今までの政府の政策は「開明ノ強国」が行っているところのものを模範とし、とりもなおさず「欧亜ノ皮相」を移したものにすぎない。いわば「出店ヲ張リスギタ」と自嘲する。そして、今後の改革として「政体ノ組立ヲ簡ニスルコト」「外国人ヲ払フコト」「内務省工部省ヲ合併スルコト」などを提言した。

こうして、大久保は、明治一〇年までの国内争乱――佐賀の乱、征台の役、西南の役など――を事実上の総理として処理し、華士族授産実施を打ち出しながら石川県士族によって一八七八年五月、暗殺されたが、その朝残したことばは「未タ一モ其職ヲ尽ス能ハス」であった。欧米巡回で想像を絶する欧米列強の富強を目撃した大久保は、工業化を急がなければならないことはわかった。そこで大隈ら開明派の鉄道導入は理解できた。しかし、外国との格差は大隈のように書物の上での判断と違い、見聞してくると、富国の実現は、たんに工部省による工業化のみにあるのではないことがわかってくる。むしろ、欧米の皮だけ、体裁だけを移し入れた工業化は危険に思われてくる。大久保はそのため、在来産業の近代化をふくめ農工商がバランスをもって発展する、いわゆる殖産興業政策を内務省中心で行おうとした。それは「奇功ヲ外事ニ求メス民産ヲ厚殖シ民業ヲ振励スルコト」(「本省（内務省）ノ目的ヲ定ムルノ議」七五年五月）にあったといえる。

ところが大久保は、イギリスと日本が「地形天然ノ利」が似ているという点から問題を立てている。「工部院建置之議」「工部省ヲ設クルノ旨」で大隈が示したのは政治体制が第一に捉えられていたことであった。大久保においては、近代文明を生みだした欧米列強を成り立たせている政治体制の根本的な考究は排除され、即物的な経済体制のみが問題とされた。二年間に近い欧米巡回は「市民社会」をとらえることなく「文明社会」のみを捉えた。したがって、政府は強力な保護者として人民に対し、イギリス流の発展を例外としたのである。

河瀬秀治の「勧業論」

大久保の下で勧業頭、大久保遭難後も内務大書記官（のち、農商務大書記官）をやっていた河瀬秀治（京都・宮津藩士）の残した「勧業論」（七八年＝明治一一年一二月）も、政府が人民になぜ「干渉」しなければならないかを率直に述べ、明治官僚の富国の理念を次のように総括している。

泰平に慣れた「土民」が維新後の外国品の流入によって大混乱をきたしたが、歴代政府は鎖国によって人民を外国から切り離したため、「人民自由ノ何物タルヲ知ラズ」農工商のごときはただ政府に身を委ねる習慣ができている。したがって、欧米と日本とを同一視して「人民ト政府トノ間ヲ分離シ」政府は人民に関係をもたず「人民ハ自由ヲ主トスル者ナリトスル時ハ」政府は人民を棄てることになる。ところが、日本という孤島の中で専制の下に成長した「脆弱柔順ノ人民」を老獪な欧米人に敵対させようとしてもだめなので「政府ノ保護ナル者」が起こったのである（政府ノ関係）。しかし、政府が何もかも建てることで政府は日に日に発展し、民業は日に日に退潮するという現状は反省すべきで、政府はますます進んで空まであがり、民業はますます退いて地底に堕ち、「独立ノ気力」も「自由ノ精神」も生まれなくなっている。だから、政府は大いに勧奨の成果を挙げ、民業に十分に「干渉」してのち、すみやかにその干渉を解いて「保護主義ニ適当ナル人民」を養成するだけである（政府ノ超進）。すなわち「利益ヲ収得スルノ総帥」が起こらなければ物産の興隆も期待することはできない。「勧業ノ目的」もまたここにある（勧業ノ特質）。

ここで、殖産興業政策は政府が干渉するだけではだめで、人民の事業を発展させなければならないと反省しているが、その引受け手である「利益ヲ収得スルノ総帥」、民間の経営主体を、結局は、政商に求めたことが日本の工業化の特徴であろう。

三　ブルジョアジーの政府批判――「人民」の論理――

以上、政府による保護育成の理念に対して英米の経済的自由主義に立つ批判者の理念はどのようなものであったか。ここでは福沢諭吉と田口卯吉を取り上げ、前述との関連で、一八八〇年代から目だってくる政府批判を一八九〇年前後までの、かれらの述べるところから、取り上げてみよう。

福沢諭吉の政府批判

福沢諭吉は一八七七年（明治一〇年）一一月出版（執筆はその前年六月）の『分権論』の中で、熊本および佐賀の乱が鎮圧された当時をふまえて、次のように述べる。「過激の徒」と称する者が、事を挙げるときには檄文なるものを作る。ところがそれは大同小異で、何々が何々して神州をけがすとか、国を売るといい、ゆえにわれわれは民を塗炭の状況から救うといっているだけである。そしてどのような檄文にも「われわれ人民の権利の伸張を欲する」というような語句を用いたものはみたことがない。みずから人民の権利を伸ばすといわないで民を塗炭から救いだすというのは、これらの連中が平生からあたかも国の主人気どりで、一身の権利よりも他人の世話に忙しく、今の政府のやり方はよくない、われわれがこの政府に代わってよく世話してやろうというつもりである。これがむかしから変わらない「日本士族の筆法」というものである。このようになったのも、旧幕時代以来、国事に関することはかならず士族以上の「人種」にかぎり、農工商の三民はただその指揮を仰いでその身を養う存在にすぎなかったからである。

ただ、政府と人民との関係について、福沢は明確に人民側に立った発言をしている。たとえば、士族の反乱が鎮圧され、政府の基礎はますます固く、人民の気風はいよいよおだやかとなっていくとき、世に才能のある者が士族、平民の別なく、各自、身に適した地位に就こうとする。ところがその地位はすでに政府に占領されて残されていない。商業、工業に従事しようとすれば、政府に依存しなければ資本が得られない。あるいは商業、工業自体が政府みずから着手している。新しい土地を開拓しようとしても、鉱山を開こうとしても同様のありさまである。

かように政府は保護者というより妨害者として現れるのであるが、福沢は、政府はモデル（「雛形」）を人民に示してこのようにやれという分限を守っているかぎりはよい。そして、政府は人民の私有を制限することを好まず、これを制限する権利を有さず、強制しても無益であるから、また、民業が発展するかどうかは人民の心がけ次第である、という立場にあるかぎりはよい。ところが、政府みずから経営するとその弊害はひどいことになる。商業、工業をみずから行うことは旧藩士族である今の官員のもっとも不得意なところで、こういう経営の才のない拙なる者が巨大な資本を使うのだから浪費乱用は避けられないわけである。これは旧幕府の末年から維新以来の「実験」で明らかである、と福沢は政府官業についてはきびしい見方をしている。「官業が浪費となる弊害があることはまぬかれないが、これはもとより覚悟するところで、官業を起こす目的は現在の損得ではなくて将来の利益のためである」という論者がいるが、これはおかしい。そもそも人民はみな「無智無力」だから、政府が事業をやらなければならないのか、そうではなく「人民も思いの外に智力を有し」資本を得れば、熟練していない官員より幾倍も巧みに行うことができるかは、大いに再考する必要がある。結局、政府が権力をもって人民の私業に干渉することは害があるのみ、というのが福沢の主張である。

さらに一八八〇年八月刊『民間経済録』二編（同年六月執筆）の第五章の中で、同様な批判を次のように行っている。「政府たるものは富国の為なれば何事を為すも妨なきものと思い、人民と共に尋常一様の事業を行ひ、甚しきは人民と並立て商工の成敗を競ふが如きは、弊害の極度と云ふ可し」。また政府による資本貸与も弊害が多いとし、試みに封建時代の幕府および諸藩から今の政府までにいたる一切の貸付返納を調査してその損益の結果を表に作ったならば「目を動かす可き奇観」となろう、と皮肉っている。

以上のように、福沢は政府というもののあり方を把握していたにもかかわらず、鉄道・電信・ガス・水道など公共事業は政府が握るほうが便利であるとした。これらの事業で自由競争を認めると国全体の視点からみれば不経済である。公共事業でなくとも大事業で、その利益がきわめて薄く、収支が償わない製鉄業は国家が行うべきとして、福沢の自由主義は徹底していないのである。ところで田口卯《う》吉（江戸出身、一八五五〜一九〇五）はこの点に関しては徹底しており、政府の政策は保護主義であるかぎり、すべて批判される。

田口卯吉の政府批判

田口の政府政策批判の論稿だけを発表順に挙げてみると、次のようである。まず「府県勧業課を廃すべし」（一八八〇年＝明治一三年四月『経済策』第一八章）では、政府が勧業に使う貨幣はみな「日本人民」が朝早くから夜遅くまで働いて蓄めた財本である。しかるに民間の平均利息が一割五分以上で、まして租税はその多くが貧民から出るものでその平均利息は二割になる。にもかかわらず、この資本を集めて、府県の勧業課は無利子で、人民の小さな家屋の間にレンガ石造りの製造所をそそり立たせている。そして田口は「抑も勧業とは何の謂《いい》ぞや。政府の製造をなすを謂ふか、是れ実に民間に在て同種の業を興起するを妨ぐる者にして決して勧業の目的を達する能はざるなり」と断定する。すなわち、殖産興業＝勧業というのは政府の官営工業を指すのか、それだったら、官業は民業の発展を妨害する存在にすぎないという。

「直輸出を論ず」（一八八一年一月、『経済策』第一一章）では、直輸出がよいからといって、外商に生糸を売捌くよりも不利な場合でも、愛国心からそれを強制するのはおかしい、というもの。ここでは、誤ったナショナリズムは痛烈に批判される。それとともに公（おうやけ）より私（わたくし）の優越することが明白に指摘されている。

農商務省の設立についても、田口は河野敏鎌《とがま》（土佐藩士出身、大隈が推挙）を初代農商務卿にもってきたのは公正な人事であるとしながらも、同省設立を機に政府の干渉保護をやめよ、というものである（八一年四月、『東京経済雑誌』五九号）。

やがて、大隈重信が薩長独裁政権から放り出される「明治一四年の政変」につらなる北海道官物払下げを論評した「北海道開拓論」（八一年九月、『続経済策』第二二章）では、国家の公財で特別の愛護を一社（関西貿易会社）が私するもので払下げに反対であるが、払下げを中止するだけでは何の解決にもならない。政府・開拓使が依然として経営を続けるならば私企業に対する干渉はやまないことになる、という高い次元で同問題を論じている。

ついで「三菱会社助成金を論ず」（八一年一一月、『続経済策』第三三章）は農商務省の明治一四年度予算四五万余円のうち、二六万余円が——内務省時代より——三菱援助金であり、農商務省も無用の一省であるが、三菱への出費は一体何か。三菱はこの保護金を海上保険、日本鉄道、高島炭坑などに流用しているではないか。かように明治政府が民間の営業を補助するというと、つねにこのような結果となる。「製藍は銀山となれり。直輸（出）は洋銀相場となれり。三菱会社の如きは特に其の甚だしき者のみ」。

そして、田口は以下、大隈や三菱との関係をすでに深めていた福沢（後述のように福沢は三菱の高島買収を大隈に斡旋した）ではいえない、いわば、彼の独壇場ともいうべき官業批判を推し進める。それは、公共事業など政府・公機関で経営すべきだとした産業に及んでいることに注目したい。

まず、「人民私立の鉄道を許可すべし」（八四年＝明治一七年五月二四日、『東京経済雑誌二一五号』）および「利益ある民設鉄道を許可するにあらざれば鉄道の縦横を期すべからず」（同五月三一日、『東京経済雑誌』二一六号）で、政府が鉄道をみずから敷設するのは鉄道が国内に早くでき上ることをねらっているためではないのか。しかるに、民間でこれを設立しようとすると許可しないのは、鉄道の達成をかえって遅らせることになるではないか、と非難している（事実、彼が発起人となって設立を申請した鉄道会社が許可されなかったことがあった）。

さらに、「利用すべき財源」（八九年＝明治二二年五月一八日、『東京経済雑誌』四七〇～四七三号）で田口は、軍事工廠の払下げまで、要求するにいたった。すなわち、印刷局、東京・大阪両砲兵工廠、横須賀・小野浜両海軍工廠、千住製絨所などの売却を要求、九一年九月二六日、『東京経済雑誌』五九一号でも「官工所を売却せよ」の中で、当時起こってきた官営製鉄所新設の論議に反対するのみならず（福沢と比較せよ）、広島鉄山、大阪砲兵工廠、呉鎮守府造船所、電信灯台用品製造所など、その値段の高低を論ずることなく、ただちに売却するよう求めている。

そして、両稿で、官営の造兵、造船などについて「クルップ商会は民業にあらざる乎《か》。我日本政府が注文する所の英仏等の造船所は皆な民業にあらざる乎」といい、官業として独立できる以上は民業としてはますます独立できる道理だと喝破する。かくて、田口は、保護主義に立つ明治官僚の考え方はもちろん、福沢諭吉さえもはるかに越えた理念に立って、次のように断ずる（前掲、「利用すべき財源」）。

世間には往々にして「政府崇拝論者」がいる。「政府」という名詞に偉大な力を認め、いろいろな口実を設けては官業を増加させようとしている。彼らのいっていることは、要するに独占のおそれがある事実は民有としてはならない、というにある。だが、現実に、民設鉄道は官設鉄道より運賃が安いし、ガス事業も東京府が管理していたときより民有となって安くなったし、配達会社のほうが駅逓局より安く貨物を配達する。「思ふに専有の懼《おそ》るべきは民業にあらずして却て官業にあるが如し」と明言しているのである。

明治政府の勧業政策の成果とは

明治政府による勧業政策は中央では官営工場を次つぎと創設し、地方では勧業施設、それも中央のミニチュアを作り出し、干渉につぐ干渉で行われた。その根底にある意識は前述のとおり、「人民は薄弱」ないし「暗愚」であり、政府は強力な保護者ということであった。

だが、勧業政策はその「人民」によって見事に失敗させられた。つまり、人民は政治と経済を分離するという鎖国以来のこの愚民政策にしっぺ返しをしたのである。河瀬（勧業頭）は、人民の無気力と非協力という壁につきあたり、とうとう民間に「利益ヲ収得スルノ将帥」を求めるにいたり、この将帥を結局は政商に求めたのである。

ただ、政府高官の建議では認めているにもかかわらず、勧業政策の失敗は隠蔽された。それは田口の言では政府が「干渉の政略の利害を曖昧の中に陰没せしめて以て久しく世人の目を奪」ってきたからにすぎない（前掲、『北海道開拓論』）。にもかかわらず、中央集権という政治体制、「国益のため」というニセの経営理念、二重構造、要するに大国主義に立つ政府への依存意識は、今日まで残された。明治政府の富国の理念、勧業政策は、かような意味で、最大の成果を挙げたのである。

四　文明開化と啓蒙思想のゆくえ――「人民」の分裂――

啓蒙思想と利己心

大久保利通が内務省をみずから設立した一八七三年、すなわち明治六年は、また「明六社」の発足した年でもあった。森有礼の提唱で西村茂樹、津田真道、西周《あまね》、中村正直、加藤弘之、箕作秋坪《みつくりしゅうへい》、杉享二、箕作麟祥《りんしょう》らに福沢諭吉を加えた一流思想家によって結成された明六社は、いわゆる啓蒙思想の中心をなした。封建社会の束縛、特に独断的な儒教思想から解放された彼らは、神学的独断から解放された百科全書家と同様、維新直後のこの段階で西欧思想を紹介し、蒙を啓く指導的役割をになおうとした。

津田真道《まみち》（岡山・津山藩士一八二九〜一九〇三）は「開化を進むる方法を論ず」の中で、西洋の学問が「実学」であることをのべ、「情欲論」では情欲が人間生存の前提であるとし、西周（一八二九〜九七）、また津田の上掲稿の批評の中で私欲こそ人間に共通で、天子から盗人まで変りはない。また「健康、智識、富有《とみ》」の三つを「人世三宝説」と称するなど、松本三之介『近代日本の知的状況』（中央公論社・一九七四年）によれば、市民社会や市民国家の発想は人間を利害関心において捉え、社会秩序を個々人の利益の体系として構想するところにもとづいていたから、津田や西にみられるこのような思考方法の転換の作業は、近代市民的思考方法へのきわめて大胆な接近を意味した。そして、その影響するところも大であった。

明六社結成時、まだ大蔵省翻訳局の官費学生であった田口卯吉は前出の啓蒙家とは異なった行動をとる。しかし「余は自覚をもって人性固有のものと信ぜり」（『続経済策』）というとき、それはアダム・スミス『国富論』が提起した利己心の肯定が認められる。そして、田口は自由放任、自由貿易などによるスミス流の「予定調和説」を『東京経済雑誌』（一八七九年一月創刊）に拠って論じ、経済的自由主義の旗手となった。

福沢諭吉と『文明論之概略』

『西洋事情』（一八六六年）『学問のすゝめ』（一八七二〜六年）『文明論之概略』の三著によって福沢もまた啓蒙活動を積極的に展開している。特に一八七五（明治八）年四月刊行された『文明論之概略』は、封建的道徳からの脱出を勇敢に説き、のちの福沢の論旨展開のもとをなしているので紹介しよう。

緒言で「文明論は人の精神発達の議論なり」と宣言し、その趣旨は一人の精神発達を論ずるのではなく、その国全員のそれを論ずるにあるという。そして全六巻にわたって、以上の主題を推し進める。特に巻之一では、「議論の本位を定る事」で、まず議論の本位（道理や公理）を定めれば利害得失は明らかであるとし、いかなる妄説もそれが公理であればのちに本当となる例として、ガリレオの地動説やアダム・スミスの経済理論を挙げている（アダム・スミスが当時の人びとに異端妄説として排撃されたかは福沢のいうとおりとは思えないが、ガリレオの例は適切であろう）。ここでは「昨日の奇説は今日の常談なり」という信念が語られており、明治初期のこの段階での啓蒙思想家としての福沢の先駆的位置がこの言によく現れている。「西洋の文明を目的とする事」は表題どおり西洋の文明を規準にせよ、ということで、良くも悪くも福沢の一貫した考えとなる。精神を先にすれば外見はおのずからついてくるが、「虚威」はだめで「実威」であることが大切であるとする「虚」と「実」の対比は、他の啓蒙家と同様である。ただ、中国と日本を比較して、のちに中国蔑視につながる文明の受容の差を予測する。すなわち、秦の始皇帝のような専制君主が至尊の位と至強の力を合わせて支配者として君臨しているところでは異説争論が禁じられ、文明の入る土壌はない。しかし、日本は中世から、至尊だから至強とはかぎらず、至強だから至尊とはかぎらないというように分離して考えるようになっているので、文明をとりいれやすい。特に福沢は皇学者と違って皇室に対して冷静であることを反映して、日本が文明を受容しやすいのは皇室と将軍という二つの力があったことを中国との比較でのべる。この段階では福沢は一君独裁の国は自由の気風を生まないと強調していることに注意すべきであろう。一君独裁でそれにおぼれる「支那人は思想に貧なる者にして日本人は之に富める者なり」とさえいう。「文明の本旨を論ず」では文明は動いているものであり、文明を進めるものは利、止めようとするものは害という。

巻之二の「一国人民の智徳を論ず」では、個人の智徳と一国の智徳は違うというのは、個々の問題ではなく国民の問題であることがふたたび三たび強調される。また、事物の働きにはかならず原因というものがあるが、原因は近因と遠因の二つに区分できる。ところが近い原因は見やすくて遠因は見わけにくい。しかし大切なのは、近因よりも遠因であるという。

最後に、同書にみられる市民概念についての見解は巻之五の中「日本文明の由来」に次のように記されていて興味深い。すなわち、日本の人民が国事に関係しない伝統があることを説いたのち、みずからの地位を重んじない点を、ヨーロッパの「独立市民」と比較している。その例として秀吉をとる。彼が太閤という地位に就いたからといって出身の村人は依然として百姓で、秀吉は一人立身出世したかもしれないが、彼はただ仲間を脱走しただけで百姓一般の地位を高めたわけでもない。秀吉をヨーロッパの独立都市においたと仮定すると「市民は必ず此英雄の挙動を悦ばざること」となろう。ヨーロッパではその地方の利益（「ロカルインテレスト」）、職業の利益（「カラッスインテレスト」）を伸ばすため一命をも棄てる者がいる。ところが日本人は、自分の地位を自覚せず、「便利の方に附き、他に依頼して権力を求」めるなど「西洋独立の人民に比すれば」雲泥の違いがあるという。

福沢諭吉の思想的転回

『文明論之概略』以降の福沢の論旨は変わったのかどうか、それが歴史的事件との関連でどうなったかは論議のあるところである。『概略』刊行以降一〇年間に出された三つの論稿、「帝室論」「貧富論」「脱亜論」に焦点をあてて、福沢の転回点をさぐろう。

まず、「帝室論」は天皇制について論じたものである。『概略』中の福沢の天皇についての見解は巻之五の中「日本文明の由来」では次のようであった。すなわち、日本も歴史の始まりは「若干の人民一群を成し」その中から腕力が強く智力のたくましい者が権力者となってこれを支配し、あるいは他からきてこれを征服して酋長となった。神武天皇がそれである。また仁徳天皇が民のかまどから煙のあがるのをみて「朕既に富めり」といったが、民の富むのは自分も富むことで「虚心平気なる仁君」と称すべきだが、天下を一家のごとくみなしてこれを「私有」する気持ちは、王室さえ富めばよいということと同じだから感心できないという。ところが、「帝室論」では、人民と帝室とは親子のような関係とされ、「一系万世にして、今日の人民が之に依て以て社会の安寧を維持する所以のもの」であることは「皇学者と同説」とする。ただし、皇学者らが帝室に政治への関与を説いているのに対しては「帝室は万機を統るものなり、万機に当るものに非ず」といい、のちの「天皇機関説」のごとく、「象徴天皇」のごとく、政治からの超越を説く。その根拠は福沢は人生を「形体と精神」の二つに分け、一国の政治は形体の秩序を整理するだけもので、帝室は精神であって形体の上にあり、これを統御するものである。しかし、決して「虚器」ではないとする。とはいえ、ここでは専制君主は『文明論之概略』と同様、福沢は拒否していることは確かで、官権党の天皇抱込みを阻止するために書いた啓蒙論稿ではないかと思われる。これが執筆された八二年五月は、その前年一〇月、自由党が結成され、立憲改進党と御用政党・立憲帝政党が論稿刊行の三月に結成され、国会開設に当たり、民権派や皇学者連中を牽制したとみられる。天皇は福沢にとっては「日本人民の精神を収攬するの中心なり」とはいっても、後年のような天皇親政を望んだものではなかった。むしろ、天皇を道具としてどう使うかにあったとさえいえる。しかし、一八八九（明治二二）年の憲法発布、九〇年の帝国議会の成立は、福沢の考えているものとは反対の方向に動いていったのである。

『貧富論』（一八八四＝明治一七年一〇月刊）は福沢の理想と現実とのギャップを貧富の問題を借りて表現したもの。

『学問のすゝめ』や『文明論之概略』で教育や知識への努力の重要性を説いてきたが、この松方デフレ（一八八一～八五）末期において貧富の差は歴然としてきた。福沢はこれを冷たく、次のようにつっぱなす。いわゆる「経済論の主義に従へば、人の貧富は其知愚に準ずるものにして」小さいときから教育を怠って処世営業の知識に乏しいと貧しくなるが、それは身から出たさびというものである。ここでは、かつては「人民」一般であった日本人は、救いがたい「下等貧者」を生み出したが、福沢は「貧者の今の有様に陥落するは社会の組織において止むを得ざる所にして怪しむに足らざるものなり」と見棄ててしまう。同論稿は後半部分は貧富というものは相対的な語で、教育を受けた者も精神が高尚になってかえって不満を感ずるものであるとし、結局、教育は進んでも殖産がそれにともなわないためにアンバランスを生ずる現実を述べる。そして、学者論となり、学者の不遇・不満に対しては学問の地位を高め、民業の地位を高め、学者有志者に事業を授け、最後は外国へ雄飛せよという四策を建言している。

最後に『脱亜論』（一八八五＝明治一八年三月刊）は「支那、朝鮮」から日本を分離して考え、支那、朝鮮と一緒になってアジアを興すまで待てないから、むしろ、彼らから脱して「西洋の文明国と進退を共に」することを宣言したもの。『文明論之概略』においても、すでにヨーロッパ強国の植民地となっている中国の実情から日本の独立の方向を念じていた（巻之六、自国の独立を論ず）。しかし、『概略』刊行段階では、西洋は文明、アジアは半開、アフリカは未開と規定していたが、日本は半開のアジアに属させていた。『脱亜論』では、国民の精神はすでにアジアの旧弊を脱して「西洋の文明に移りたり」と断じている。そのきっかけは明治維新であり、旧秩序を脱しただけでなく、アジアでただ一国「新に一機軸を出し、主義とする所は唯脱亜の二字に在《あ》るのみ」と傲然といい放つ。すなわち、日本はアジアの一員ではもはやないというわけである。

以上、福沢の三論稿によって、かつての人民対政府という考え、その人民の中から啓蒙思想家がまず抜け、政府側に近づく姿が読みとれよう。

五　自由民権運動の挫折と強兵の思想――「臣民」の出現――

国会開設・憲法制定運動と民権

一八七四（明治七）年一月、「征韓論」に敗れて下野した旧参議板垣退助・副島種臣らによって「民選議院設立建白書」が提出された（啓蒙家加藤弘之は時機尚早と反対）。「建白」には政府人民の間にへだたりがあっては国も強くなれないとして、特定の官員が国を誤った方向へ導くことを憂えている。「建白」の署名者によって「愛国公党」が組織され、四月、板垣退助（土佐藩士・一八三七～一九一九）は土佐に「立志社」を創立した。立志社の創立趣旨も、政府というものは人民の権利を保全するために設立されるもので、ヨーロッパには政府の官員を公僕というくらいだから、人民は国の本のはずである。したがって人民はみずからを尊敬してよいはずなのに、卑屈にすぎる。だから民会を立てて、人民の権利を伸ばさなければならないという。こうして、各地の民権運動を統合、七五年二月「愛国社」が組織され、愛国公党は発展的解消を遂げた。しかし、板垣が政府の参議に返り咲き、愛国社は発展せず、早くも消滅した。

これらの動きは士族民権といわれ、政権にあこがれる反薩長の表現にすぎない面もある。これは各地の士族反乱（神風連、秋月、萩）の姿に明白であり、福沢がこれを批判したことは前述のとおりである。最大の士族反乱である西南の役により、反政府の一点だけではどうにもならないことがわかってきた。七八（明治一一）年、愛国社は再興され、一八八〇年には「国会期成同盟」と改称した。この間、政府は七五年、「新聞紙条例」「讒謗律」制定に続き八〇年「集会条例」を定め、反政府運動をおさえにかかった。しかし、地方豪農商層に地盤を移していった民権運動は、豪農民権といわれる段階に脱皮していった。この一八八〇年には一一月に工場払下概則が公布された。勧業政策が曲り角にきており、政府官業に対する風当たりも強くなってきたときであった。

そして、一八八一（明治一四）年がきた。一、四〇〇万円の政府投資を行った北海道開拓使官有物を三八万円、無利息三〇カ年賦で払い下げようとした官物払下事件は、払下人、払受人とも薩摩出身者であったため、おりから自由民権運動高揚期とて、政府攻撃の好材料を提供するかたちとなった。これより先、大隈重信は政党中心の立憲政治と早期国会開設をとなえていたが、北海道に海運業進出をねらっていた三菱が福沢諭吉に薩長独占を攻撃させたとみた政府は、福沢と親交のあった大隈を政府部内異分子として参議を罷免、追放した。同時に官物払下げを中止、明治二三年を期し国会を開設するという詔勅を発布して世論の沈静を図った。「明治一四年の政変」で大隈とともに辞任した開明派は河野敏鎌農商務卿、佐野常民大蔵卿、石丸安世、河瀬秀治、前島密、矢野文雄、犬養毅、尾崎行雄、中上川彦次郎、小野梓、島田三郎、田中耕造などの、そうそうたる少壮官吏であった。

民権運動の対立と挫折

国会開設の詔勅が出された一八八一年一〇月、その直後自由党が創立された。そして、翌年三月、立憲改進党が大隈らの手で結成された。この二大政党は専制政府に対抗して大同団結すべきであったが、その成立基盤、思想的背景を異にしている両者は、むしろ対立するようになる。そして、それは政府の思うつぼであった。長州官僚の提唱で福地源一郎らの立憲帝政党が同年三月、御用党として成立した。憲法問題について、自由党は国民議会の制定を、帝政党は天皇の制定する憲法を、主権問題では前者が主権在民を、後者が主権在君を主張するなど正反対の立場を示した。これは人民側と政府側の対立でもあったが、改進党はその中間的性格を示した。

改進党はイギリス流の議会主義的な自由主義を思想的背景にもち、大都市の商工業ブルジョアジーを成立基盤としていたことは、福沢の言論にその雰囲気がわかろう。改良主義的立憲政治の標榜であり、大隈、福沢などとの関連で三菱との結びつきもあった（その一端は一八八一年、後藤象二郎から三菱が高島炭坑を買収したときで、福沢が大隈を動かした。後藤は外国負債を三菱に肩代わりしてもらって政治運動の舞台に復帰できた）。一方、自由党は、一八七四年、中江兆民（土佐藩士、一八四七〜一九〇一）がフランスから帰国、ルソーの『社会契約論』を紹介し、抵抗権、革命権の考えを注入した。自由党の結成に当たった植木枝盛による「東洋大日本国国憲按」の考えは人権の擁護を第一義としていたといわれる。彼の急進的な考えは宮川透・土方和雄『自由民権運動と日本のロマン主義』（青木書店、一九七一年）のいうように理念的な純粋性、理論的な急進性をもっているが、これは明六社の啓蒙家の演説会に欠かさず出席して大いに影響を受けた植木が、フランス流の天賦人権説によって、もう一度洗礼を受けたことを示している。

「国憲按」は日本の人民は日本国を辞する自由がある（六三条）、すべての「無法」に抵抗することができる（六四条）、政府が国憲に違反したときは不服従の権利がある（七〇条）、圧制政府には「日本人民ハ兵器ヲ以テ之ニ抗スル事ヲ得」（七一条）、政府をほろぼし、新政府を建設することを得る（七一条）といった激しさであった。

これらの激しい自由党左派の動きは、やがて、穏健な改進党の反発を招いた。その上、自由党総理板垣退助・副総理後藤象二郎が一八八二年という重大な時期にヨーロッパの立憲制度視察に外遊し、その資金は井上馨が三井から提供させたものであった点を改進党は非難した。一方、自由党は改進党と三菱との関係を暴きたて、演説会は「海坊主退治」（三菱の海運業を風刺したもの）の寸劇をやってから始めるという状況で、統一戦線は不可能の度合いを増した。急進的な自由党員は中農や貧農に浸透していき、貧農民権といわれる段階がきた。松方デフレの進行とともに階級分化も進み、八三～八六年に高田事件、群馬事件、名古屋事件、加波山事件、秩父事件、飯田事件、静岡事件など大衆武装蜂起が各地で相次いだ。事態に恐怖をいだいた自由党幹部は八四年一〇月、秩父事件の直前、自由党を解党、改進党も大隈が脱党するなど、日本的ブルジョア政党の健全な発展の夢はつぶれた。

中江兆民と『三酔人経綸問答』

土佐士族として生まれた篤介・中江兆民は、土佐出身の板垣退助や後藤象二郎の斡旋・大久保利通に対する直談判の末、フランス留学を果たした。しかし、松永昌三『中江兆民と植木枝盛』（清水書院、一九七二年）によると、帰途、地中海・スエズ運河・インド洋を経由して英仏人が植民地の人民を犬か豚のように扱うのをみて、みずから文明人と称してこの行いはどうかと考えたことから、この〝アジア体験〟は兆民をして、〝東洋のルソー〟となるべく、決意させたという。兆民がフランスにいた七三～七四年は、普仏戦争に敗れ、ルイ・ナポレオンの第二帝政が倒れ、パリ・コミューンがチェール政府の手で崩壊した混乱期であり、第三帝政の成立していく過程にあった。帰国後東京外国語学校校長に就任したがすぐ辞め、前述の板垣らの反政府運動の高揚とともに仕官の道はふさがれ、私塾で、ルソー主義を講じた。一八八一年三月、『東洋自由新聞』の主筆に迎えられ、八二年六月、自由党の機関紙『自由新聞』が創刊されると馬場辰猪、田口卯吉、田中耕造らと社説を担当した。同年七月、朝鮮京城での壬午の変に、福沢諭吉の『時事新報』は武力進出を唱えて政府を激励したが、『自由新聞』誌上では「論外交」（外交を論ず）で兆民は民衆が他人のものを盗めば〝盗賊〟とされるのに、国家が同様のことをすると〝強国〟としてたたえるのは、論理矛盾であると批判した。松永氏もいうように、政府の強兵策の開始期に当たって兆民の提示したのは小国主義構想であった。その特徴は非戦争＝平和政策、基本的人権を出発点とする国家観、弱小民族圧迫や侵略主義への批判の三つであるという。この観点は次の『経綸問答』にも述べられるが（洋学紳士君を通じて）、太平洋戦争後の現在の日本にも通用するような概念であるのは興味深い。

『三酔人経綸問答』は一八八七（明治二〇）年五月刊行されたが、本書はすでに民権運動の挫折が明白となり、また、軍事費の増額などの方向も顕著となった時期に著わされているだけに、当時の日本の方向が決定される重要な瞬間を表していた。その面からみると「一時遊戯の作」と本人がいってはいるが、兆民の心中は暗然たるものがあったのではないか。ヨーロッパの政治道徳を説く洋学紳士君、隣国侵略を説く豪傑君、総括する現実主義者としての南海先生、特に前二者のいずれをとるか、そのときが刻々と迫っていたのである。兆民自身が以上三者のうちどれの分身かというような点はさておき、豪傑君に相当のスペースを割いていることは、当時の世論をよく表しているので、豪傑君の侵略の論理を紹介しよう。他国に遅れて文明をとり入れようとすれば金を出して買い取らねばならないが、小国（日本）には費用がない。目の前にむっくりと大きな国（中国）があって、土地は肥え、兵隊は弱いときては、これ以上の幸運はない、というのである。民権論者についても兆民は豪傑君の口を藉りて、この間までの武士が、外国から自由民権の説が伝わるとそれにとびつき、今度は堂々たる文明の政治家になったと皮肉っている。

南海先生は両者から将来の大方針について問いつめられると、立憲制度の必要のほか、平和外交、言論・出版の自由、商工業の発展という「子供でも下男でも知っているところ」を述べて終わっている。だが、現実にはこの時期、兆民は民権運動の再結集を図って大同団結に努力していたし、また、普通選挙論を『東雲新聞』主筆として展開していた。

帝国議会開設と強兵の思想

一八八九(明治二二)年二月一一日大日本帝国憲法が公布された。「万世一系ノ天皇之ヲ統治ス」と天皇親政をうたったこの憲法は、フランス留学時代親交のあった井上毅が岩倉具視・伊藤博文のためにプロシャ欽定憲法を模範として作成したものであった。同じ日、皇室典範、議院法、貴族院令、衆議院議員選挙法が公布された。そして大赦令が勅令として出され、民権運動家多数が出獄、民権家をも懐柔しようという政府の手は着々と打たれていった。そして、この憲法で人民は天皇の「臣民」の地位におとしめられた。

兆民は翌年予定される第一回帝国議会のはじめに天皇に憲法改正の要求を出し(第四九条を援用)、第七三条を援用して改正をかちとろうとした。そのため、兆民は大井憲太郎の自由党再興派に与し、一八九〇年一月、憲法改正のため総力を結集すべく、自由党を再興した。そして同年七月の第一回衆議院議員選挙に大阪から立候補し、当選した。そして旧民権派を結集させようとしたが、自由党系と改進党系の対立は激しく、それに失敗した。反政府勢力は第一回帝国議会で民党が第一党であるから結束があれば議会を左右できるはずだが、政府側につく民党もおり、遂に「無血虫の陳列場」の一文をもって、兆民は議員を辞任した。そもそも選出議員はすべて選挙法によって直接国税一五円以上の納入者という制限選挙で選出されていたので、普通選挙への議員結集はできにくかった。

さて、中江兆民は、さきの「論外交」の中で、明治政府の富国強兵政策を批判して、「富国」と「強兵」の二つは決して互いに相容れないものであり、経済を重んじるときは多くの兵を蓄えることはできない。富国はたしかに為政者が目的としてよいものだが、強兵はやむを得ないときの策だと指摘した。しかし、日本は遂に大国主義に立つ強兵を国是としたのである。

六　明治後期から現在にいたる市民生活――「平民」から「市民」へ――

平民主義・平民新聞と「平民」

井上馨の外交政策としての鹿鳴館風俗、伊藤博文の帝国憲法導入として入ってきたドイツ文化など明治前期の欧化主義はようやく、民族主義の立場からする批判を生じた。それが徳富蘇峰（熊本出身、一八六三〜一九五七）の唱えた平民主義である。『国民之友』（一八八七年二月創刊）の発刊宣言は「ヨーロッパの社会は平民的でその文明も平民的な需要から生じてきた。ところがこの文明をわが国に輸入したら、不幸にして貴族的においを放ち、一階級のものとなってしまい、他の大多数の者はそれと何の関係もない」というものである。蘇峰はこうして社会主義的とさえいわれたが、日清戦争、その勝利、それに続く「三国干渉」などを通じて大転換する。日清戦争で「薩閥政府も、薩長も何もかも打忘れ」挙国一致清国に当たることを第一の急務として以来である、と蘇峰がのちに自伝の中で回想している。福沢も三井、岩崎（三菱）、渋沢など財界の巨頭と軍資金を集める発起人となり、日清戦争が官民一致の勝利であったと手放しで泣いたと自伝の中でいっている。蘇峰・諭吉にナショナリズムへの傾斜を決定的にしたのは遼東半島の返還であったといわれる。ドイツ・ロシア・フランスの清国への返還要求をのんで、日本はこんどは日露戦争への準備を開始した。「臥薪嘗胆」が合言葉であった。

ところが、蘇峰の描いた「平民」よりもっと悲惨な「平民」は明治三〇年代から生まれていた。一八九七（明治三〇）年、この年足尾銅山鉱毒被害民八〇〇名が上京、請願運動を開始しているし、労働組合期成会が結成されている。

その翌年、日本鉄道の機関士のストがあり、社会主義研究会が設立されている。その翌年に横山源之助『日本之下層社会』が刊行され、木下尚江らによる普通選挙期成同盟会が結成されている。

そして、幸徳秋水・堺利彦が創立した平民社によって週刊『平民新聞』が刊行されたのは一九〇三（明治三六）年一一月であった。発行出願の保証金は中江兆民門下小島竜太郎が出した。同新聞に木下尚江が書いた「教育勅語と時代思想」は一八九〇年一〇月三〇日発布された教育勅語によって保守反動の風潮が全国にあふれているさまを批判している。『平民新聞』の後継紙として『直言』は一九〇五年に刊行されたが、「日本紳士閥の解剖」で藩閥、党閥、財閥、学閥、宗閥、門閥を分析した。そして、これらと縁がないものは日本においては社会に出られないのだとしたのち、現今社会の二大階級は、一大紳士閥と一大平民族であるとした。

堺利彦が『光』（一九〇五年一一月創刊）の中ですでに「大資本の勢力が漸く強くなるにつれ、国内人民の多数派はみなその営業を独立して行えなくなったのではないか」これが「資本家的帝国主義」であり、こうして各国みな領土拡張につとめ、その大資本を運転して商工業を盛んにするが、それは国家の活動というより国家内の大富豪の活動であり、「国家が大富豪の金儲の機関と為れるなり」というとき、ブルジョアジーの独占資本化と日本の帝国主義化は明らかである。最近の研究も、この時期の日本の階級構成は、産業構成のひずみのため、ブルジョアジーがばらばらで、三井・三菱など財閥資本をトップに下へ重層的構成をもっているが、階級的結集が未成熟で、国家官僚の政策決定（国家資本の力）が、重きをなしているとしている。日本ブルジョアジーのこの姿から、市民社会が成熟しないまま、官僚・軍部との結びつきを深めるのである。

大正・昭和の変動

幸徳秋水らの大逆事件（一九一〇＝明治四三年）による処刑、「冬の時代」を経て第一次大戦に連合軍側についたわが国は軍需景気にみまわれる一方、大正デモクラシーの洗礼も受けた。大戦による工業規模拡大、交通機関発展、消費生活上昇は人口の都市集中を招いた。人口一万人以上五万人未満の都市人口の日本の総人口に占める割合は一九〇八（明治四一）年の二五％が一九二〇（大正九）年三二％に、人口五万人以上の都市は一三％から一六％になり、一九二〇年には都市人口は日本の約半数に達した。市民社会を概念ではなく現象としてみると、日本はすでに市民社会へ突入したことになる。米騒動（一九一八年）、関東大震災（一九二三年）、その後の慢性的不況を経て、護憲運動の一応の成果である普通選挙法が成立した（一九二五年）。こうしてようやく二五歳以上の男子が選挙権を獲得したが、これは治安維持法の交付と抱きあわせであった。明けて一九二七（昭和二）年の金融恐慌、一九二九年の大恐慌にみまわれて、名もなき「庶民」の生活は困窮し、失業者があふれたが、このころ出現したサラリーマン階級（「新中産階級」）も例外ではなかった。

この時期、庶民ないし民衆を対象とした二つの思想はきわめて象徴的である。吉野作造『憲法の本義を説いて其有終の美を済すの途を講ず』（一九一六年）が民本主義を掲げ、政治の目的は民衆の利益幸福におかれるべきで民衆の意思にもとづき政策の決定が行われるべきであるとし、『国家生活の一新』（一九二〇年）は富国強兵を国家の唯一の理想とする時代は終わったと宣言した。また、柳田国男『明治大正史　世相篇』（一九三一年）はごくふつうの人びと――「常民」――の生活が心の問題をふくめて近代化でどう変わったかを追求した（常民文化研究所ものちにできる）。この中で柳田が「明治大正の後世に誇ってよいことは、是ほど沢山の煩雑なる問題を提供して置きながら、まだ一つでも取返しの付かぬ程度にまで、突詰めてしまわずに残してあった点である」（生活改善の目標）と書いている。この文章を今日読み直すと、市民生活の分岐点以降、取返しの付かぬ程度にまで広がった「近代化」のもつ恐ろしさをひしひしと感じざるをえない。

ファシズム・戦争と「国民」

産業合理化と首切り、米価暴落と農村飢饉、都市および農村を襲う不況の嵐からの脱出をはかって一九三一（昭和六）年始められた満州事変は以後一五年間、日本を戦争に巻きこんだ。それとともに、三井ドル買い事件をきっかけに団琢磨三井理事長暗殺、五・一五事件、二・二六事件へと、日本のファシズムへの突入が始まった。

橋川文三・松本三之介編『近代日本政治思想史Ⅰ』（有斐閣、一九七一年）は日本ファシズムの特徴として、重臣・財閥・政党・軍閥などが国体と国民の間に介在しており「国体」という普遍的価値への参加を阻害していると考えた国民は、疎外感が強まれば強まるほど天皇への求心的一本化の衝動を強める。天皇はその場合、特権者の権威を支える根源ではなく、むしろ特権者の排除を要求する原理となっているとする。青年将校や血盟団員などが農村の疲弊、財閥の腐敗などをみて、昭和維新を起こそうとし、それをおさえようとして、もっと強力な軍事統制を招いたのである。一九三七年の日中戦争開始の年、国民精神総動員中央連盟が創立され、翌年、国家総動員法が公布された。前者は、日本精神の発揚による挙国一致・尽忠報国の念をもって今後にくる艱難に耐えよ、というはっきりしない抽象性がこの運動の特色であり、それがねらいでもあったといわれる。「非国民」「国賊」ということばが「国民」の精神を戦いに統一していった。後者（総動員法）は「戦時ニ際シ国防目的達成ノ為国ノ全力ヲ最モ有効ニ発揮セシムル様人的物的資源ヲ統制運用スル」ものであった。以後は、物価統制令などの統制と市民生活の切下げが強行され、太平洋戦争の開始、一九四一（昭和一六）年一二月八日への準備が完了する。内務省の肝いりで町会、隣組が国策の伝達組織に組みがえされるのも、このころ（一九四〇年）である。以上、すべては「国」のためで、「国民」はアメリカ、イギリス、オランダとの戦いに狩り出された。小学校は一九四六年三月の国民学校令によって国民学校（ナチスのホルクスシューレのまね）となり、小学生は「少国民」と呼ばれた。

太平洋戦争は軍部の精神主義が、すべての合理的計算を許さず、アメリカの強大な軍事力を過小評価したことから敗戦は必然的であった。国民精神総動員に忠実であったのは国民より軍部であり、大政翼賛会に集まった各政党であった。日独伊三国同盟調印（一九四〇年）で、大東亜共栄圏をめざした日本は国民の多数を戦闘員・非戦闘員を問わず失い、敗れた。

敗戦・二・一ストと「人民」

一九四五（昭和二〇）年八月一五日、敗戦の幕引きさえ天皇によって行われた国民は、アメリカの単独占領下、一〇〇〇年来の侵略の領土をすべて放棄させられ、四つの島に戻った。天皇の人間宣言（一九四六年一月一日）以来、天皇の日本全国行脚が始まったが、王政復古直後も行っている故事に学んだにすぎない。かくして、天皇は象徴天皇として残り、主権在民の日本国憲法が一九四六年制定された。それとともに財閥解体、地主制廃止、労働三法制定が続き、民主、自由、平等のスローガンが各地でみられたが、国民の生活は餓死寸前であった。労働組合の結成が進み、食糧メーデー、生産管理もみられた。かつての「国民」はそこにはみられず「人民」がいるだけであった。その最大の高揚が二・一ストであった。一九四七年二月一日を期して官公庁労働者二五〇万人を中心にゼネラル・ストライキを実行しようとしたこのストは、革命直前の状況を示していた。占領軍は一月三一日このストを中止させた。闘争委員会議長井伊弥四郎のゼネスト中止放送は「労働者、農民バンザイ。われわれは団結せねばならない」と涙ながらに結んだ。この場合、労働者、農民の内容は「人民」といっているに等しい。民主人民戦線結成の動きもあり、人民電車という無賃乗車の改札ストライキもあった時代である。

そして、朝鮮戦争を利用して復興のきっかけをつかんだわが国は、昭和三一（一九五六）年度経済白書で「もはや戦後ではない」と宣言、高度経済成長を続け、そのひずみは光化学スモッグ・ヘドロ公害（一九七〇年）から始まり今日まで続く。それに対して「住民」運動より「市民」参加への働きがあることは、はじめに述べた。

日本の市民社会――おわりに――

一八七一（明治四）年一二月一四日、欧米巡回に加わった伊藤博文はサン・フランシスコで「日の丸演説」といわれる演説を行った。「今日我国の政府及び人民の最も熱烈な希望は先進諸国の享有する文明の最高点に到着せんとするに在り」。そのときから一〇〇年、なるほど日本は世界最高水準の工業化をきわめた。こうして、明治官僚は見事にその目的を達した。そのためには一〇年ごとの戦争や侵略を、ものともしなかった。政府官僚の多くは先進諸国の文明をたんなる物質文明としてしか認識していなかった。したがって、その背後に、封建権力に対する長い血みどろの歴史があり、その結果市民社会が成立し、その上に文明が花咲いたことを認識していなかった。しかも、明治以来、イギリス、フランス、そしてドイツが、敗戦によってもアメリカが手本に選ばれ、アジアは支配すべき存在でしかなかった。そして、政府が市民を指導し、天皇を家族主義的に利用するという姿勢は、この一〇〇年間変わらなかった。

「市民」は内田義彦『日本資本主義の思想家』（岩波書店、一九六七年）もいうように経済主義に反逆するところから生まれてくる。そして、市民生活とは国内的にはもちろん、国際的にも立身出世のかたまりであった政府および日本人に対する反省として、明治後期から出てきた生活態度である。われわれはそれを忘れ、あるいは忘れさせられて突っ走ってきた。しかし一〇〇年後、一九七〇年の公害の顕現によって、われわれは非経済的、反経済的、最近の実情からいえば、非専門的、反政党的なかたちで市民生活を守ることが、いかに大切かを教えられたのである。

第二章　イギリスからみる日本近代化

筆者は一九七一年八月一日に日本を出発し、主としてイギリスに滞在、また、ヨーロッパ大陸の資本主義国一三カ国およびギリシヤを訪れ、一二月一二日帰国した。わずか四カ月余ではあったが、この間、国際的な二大事件、すなわち、八月一五日の「ニクソン・ショック」と、一〇月二五日の中国の国連復帰を外地で体験することとなった。また、それと関連して、日本円の変動相場制決定（八月二七日）および天皇の訪欧（九月二七日〜一〇月一四日）も、ヨーロッパで反響を呼んでいたと記憶している。

ニクソンのドル防衛策は、アメリカのベトナム侵犯の必然的結果であるにもかかわらず、われわれ旅行者にただちに損害を与えた。出国に際し、日本政府がドル所持しか認めないため、ドルの下落にさらされることになったからである。ドイツ・マルクやスイス・フランの上昇に比して、イギリス・ポンドは安定しているとはいえなかったが、それでも、ドルの低落によって相対的に上昇をみた（一ポンド二・四ドルが、一一月一九日には、二・五ドルになっていた）。

いっぽう、これに対抗して日本が円の変動相場制を採用したことは、イギリスの新聞に、三島事件以来の扱いで報じられた。ファイナンシャル・タイムズは、ニクソンのとったフェアでない貿易政策に対抗し、かつ、日本産業界からの要請を容れた当然の措置としたし、タイムズも、ニクソン攻勢（Nixon drive）に対する日本の最初の勝利とした。(1)

ともかく、敗戦後、常にアメリカに従属し続けていた日本が示した初めての反抗であり、日米関係の断絶を示すものとして報じられたのである。

しかし、ＥＣ（欧州連合）加盟をすでに政府決定（六月二三日）していたイギリス、その他のヨーロッパ諸国にとって、アメリカに見離された日本が今後進出してくるのはＥＣ市場しかない。したがって、ヨーロッパに限定した天皇の旅行は、たんに老人の感傷旅行としては受けとられず、日本の国力誇示と、アメリカへの輸出減退をヨーロッパへの輸出でカバーする動きの前ぶれとみなされたのは、当然であった。たとえば、最近の日本自動車の進出はイギリス自動車産業に対して特に打撃となっている[2]。

今回の在外研究の目的は、ほぼふたつあった。第一に、維新以後の日本資本主義化の手本とされたイギリスとは、いったい、どのような国であるか[3]。第二に、イギリスの大学と日本研究の現状、特に、アメリカの日本研究との違いは何か。

以上は、いずれも、それぞれ深い研究蓄積なくして書ける問題ではなく、かかる短期間の在外研究によって結論じみたことをいうことはさし控えたい。したがって、前述の一定期間内に起こった事象のうち、特に印象に残った点、すなわち、下宿生活、ロンドンの博物館、イギリスの地域性の違いからＩ．Ｒ．Ａ．（Irish Republican Army）問題、天皇訪欧と日本への新聞論調、ヨーロッパ大陸とイギリスの違い、イギリスの日本研究の現状などを断片的に記述することにしたい。ただ、日本が目標としたヨーロッパ、特にイギリスと、現在、ＧＮＰ・輸出高でイギリスを抜いたといわれる日本との比較は、いやでも考えさせられたので、その点を意識しつつ述べていくことをお断わりしておきたい。そして、最後に、帰国後の日本は、イギリスにいた目でみるとどうだったかという感慨も記しておかなければならないと思う。

下宿　北極を越えて、ロンドンのヒースロー空港に着地しようとしたとき、朝日に映じた整然たる街並みと青々とした田園は、私にとって大きな驚きであった。特に自衛隊機接触による全日空機墜落（七月三〇日）で乗客一六二人全員死亡という悲惨な事故の数十時間後であるだけに、それは天国の景色のようにさえみえたのである。

地上に降り立ってみると、市内の住居はたいてい二軒長屋のレンガ造りで、一軒が一〇部屋はあり、入口と裏口に芝生の小庭を備えた二階建てで、その普通の住宅の宏壮なことにふたたび驚かされた。私の下宿であるミス・ブレット（Miss K. Brett）さんの家も、前記の標準的な構えであった。私に割当てられた二階の部屋は天井まで三メートル近くある一五畳ほどで、ベッド・机・椅子・タンス・衣装ダンスなどが備えられ、廊下を通ってトイレやバスにも行けるようになっている。廊下・部屋とも、じゅうたんが敷いてある。

家の前には歩道があり、車道を隔てて、同じ様式の家並みと向い合っている。ストリート（street）ではなく、ロード（road）にすぎないのだから、小路なのであるが、道の両側に車が駐車して、なお、駐車している車と車の間を車が走り抜けることができるほど広い。しかも、家並みは、片側が偶数の、向い合った家並みに奇数の番号が付けられている。したがって、郵便配達夫が間違うことはありえない。家には個人の表札がない代わりに番号が明示されているが、偶数の棟は二軒長屋であるから、二と四、六と八、一〇と一二……というように番号が付されているわけである。ロードを隔てて一〇戸ほどの家が並び、その家の構えが全く同じなので、当初はよく下宿への帰り道を間違えた。隣のロードに面した一六番地（私の家も一六番地）の家の玄関の鍵穴に鍵を差込んで廻したが開かないのであわてたことがあった。ご丁寧にも、下宿と同じカーテンがかかっていた。整然とした家並みをよく表わしている。日本では一軒として同じ家がないのと全く対照的である。

下宿したロンドン北部のキルバーン（Kilburn）という町は、黒人、インド人、ユダヤ人、アイルランド人などが多い。いわば低所得層が住む町で、高級住宅地域ではない。この下宿のおばさんからして、病弱の弟を抱えてミスを通してしまった欠陥家庭である。しかし、この広い家で弟の医療費補助と年金などで勤めに出ず、悠々と二人で生活している。このことは、イギリスの社会保障制度の厚みを示していると同時に、富の蓄積と平等を思い知らされる。

朝食の献立は、メロン（まくわうり）かグレープ・フルーツ、肉、玉子二つ、バタ付パン、コーン・フレークかオート・ミール、たっぷりの紅茶と牛乳である。イギリスはヨーロッパ諸国の中では朝食が重いことは周知のとおりであるが、この家のは特に充実していた。にもかかわらず、下宿代は五年前と同じであったから、これではやっていけないのではないかと聞いたら、諸物価が上っているので五〇ペンス（当時四五〇円）は上げたいといっていた。そのくせ、近所の相場を聞くと、I don't know といっているおおらかさである。ただし、家具を大切にすることは非常なものである。はかりを借りたとき、もと下宿人のミスターなにがしが重いトランクをひきずってつけた痕といってみせたのが、何と一ミリの幅もない三センチぐらいのひっかききずであった。また湿気に対しても病的に近く警戒する。にわか雨で濡れて帰ろうものなら待ちかまえていて、靴やコートを受けとって乾かしてくれる。自分の家の家具・調度のためにそうするのか、こちらの体のためにするのか、はたと考えてしまうほどである。財産（property）に対する概念が、日本と違うのであろう。

ただし、イギリス人のユーモア的センスのありようは、ごく平均的なこのおばさんの場合も例外ではない。スコットランドで、ロッホ・ネス（Roch Ness ネス湖）とロセス（Rocess 町名）とバスを乗り違え、反対方向へ行ってしまった失敗談をして、さて、これからフロへ入ろうとしたとき、bath と bus とを間違えないようにと、すかさずいったし、また、一一月の寒い朝、Brighton（海水浴場でもある）に行こうとしたら、海で泳ぐのかともいった。また、夜一一時、コーヒーを部屋までもってきてくれて、私がすでにベッドにいるのをみて、Good morning! といって入ってきた。朝食をベッドで採ることもできるホテルなどを、とっさに思い浮べてのことだろう。

この家にも太った黒ねこがいたが、イギリス人のペットに対する情熱は、電車の中で他人の抱いている犬をあやすにいたる。だが、犬を連れて歩いているイギリス人たちをみながら、私はイギリス人は、犬に、その帝国主義時代にもっていた植民地の代用をさせていると考えた。[4] イギリスには棄て犬はもちろん、駄犬もいない。そして、忠実に主人に仕える。Come on! といえば飛んでやってくる。そして、他人に害を与えるとか、人に向っていくような反抗的な犬はいない。それ故、いまや、植民地を手放していけばいくほど、イギリス人をして、犬へ、のめりこませるのではないか——と。

博物館　ロンドンには博物館がいたるところにあり、しかも、ナショナル（national）とある限り、入場無料である。しかし、王室の歳費を前年度の二倍にしたり、ローデシアを事実上、承認したり、このところ、政権を担当する保守党の復古的性格がめだっているイギリスでは、主要な国立博物館の入場料を徴収しようとする動きがある。これに対する野党労働党議員の議会における反対演説は、いかにもイギリスらしい次のようなものであった。[5] すなわち、大英博物館（British Museum）は一七五三年の法律により、一七五九年以来今日まで、二〇〇年以上も無料であるという長き伝統を有する。ただということはすばらしいことではないか……。

事実、ヨーロッパ資本主義国主要都市における国立の歴史博物館、戦争博物館、海洋博物館では無料というところはなかったと記憶している（フランスでは土・日無料のところがあった）。その上、イギリスの博物館はみやすく、教育的配慮がなされていること、監視員の態度の真面目なことで、ずばぬけているように思われる。

ナショナル・ミウゼアムのうち、その陳列品の多さと質の高さで、まさに〝物凄い〟という形容詞しか充てることができないのは、大英博物館、ビクトリア・アルバート（Victoria & Albert ——アルバートはビクトリア女王の夫）

博物館、科学博物館であろう。そして、これらが、大英帝国の最盛期、特にビクトリア時代[6]（一八三七〜一九〇一年）の〝略奪〟の成果であることは、周知のとおりである。ビクトリア・アルバート博物館で、注意して陳列品の購入年代をみたが、一八〇〇年代が、当然ながら、圧倒的に多かった。そして、略奪博物館であるが故に、イギリス固有の〝宝物〟がいかに少ないか、いいかえれば、イギリス文化が、ギリシヤ・ローマ、中世ヨーロッパ、中近東、インド、アジアにくらべていかにお粗末であったかが証明される結果となっている。また、イギリスから独立したアメリカの文化的遺物の陳列が皆無なのも、当然ながら、あわれをとどめる。それは、イギリスのアメリカ文化無視と受けとれないこともない。

つまり、イギリスの文化は、近代にいたって、産業革命（一七六〇〜一八三〇年）によって、突如、爆発的に展開されたのであった。しかし、産業革命は、大量生産体制の確立である。ということは、すべての物を標準化するということだから、これは、文化的遺産の特徴であるところの〝非代替性〟を奪ってしまった。たとえば、住居は、木造や大理石造りからレンガ建てへと規格化されたし、衣料は絹や毛織物から低廉な綿布へと転化した。

つまり、王侯・貴族の持ち物と代替できる物品を大量生産してしまったのである。産業革命の進行による単純化の姿は、衣装にもっともよく表われる。産業革命は、事実、紡績・織物から始まっており、前掲、科学博物館がそれらの製作をになった道具・機械を公開している。また、ビクトリア・アルバート博物館にある服装（costume）の推移をみれば、われわれは〝単純化〟の実体を感得することができよう。つまり、イギリスから起こった産業革命はイギリスを「世界の工場」たらしめ、以来、今日まで続く商品の氾濫をもたらした[7]。しかし、われわれはそれに慣れてしまったため、産業革命をイギリスの偉大な文化的遺産と考える者は誰もいない結果となった。これこそ、歴史の皮肉でなくて何であろう。

かつて、イギリスは、ローマ人や、バイキングの残していったものをかき集める拾い屋にすぎなかった。大英博物館には、ローマ人の遺物のほか、イギリスの河川の川底や墓から出土したバイキングの遺品が陳列されている。[8] しかし、島国イギリスは、これら侵略者の文化的遺産を消化・発展させることはできなかった――フランス、オランダ、ドイツ、スペインなどとちがって。

そして、海上の覇権を握り、産業革命を背景に富強となったイギリスは、ついに拾い屋から強盗に〝変身〟したのである。

大英博物館の中にエルギン・マーブルズ（Elgin Marbles）という一室がある。これは、一八〇〇年にコンスタンチノープルの大使となったエルギン卿が、ギリシヤのパルテノン宮殿にあったフリーズ（frieze 破風の彫刻）の大部分をひっぱがしてイギリスにもってきたものの陳列室の名称である。また、同じアクロポリスの丘にあるエレクテイオン宮殿の六本の女像柱のうち、最北端にあった一本をもってきてしまった（したがって、現地でみられるそれは模造）ことには怒りを感ぜずにはいられない。ギリシヤがイギリスの口ききで独立（一八三二年）する前のことで、たとえ、無償ではなく、ポンドで支払ったにしろ、その略奪の本質は何ら変らないといえよう。パルテノンが、すばらしいが、一面、廃墟の様相を呈しているのも、そのせいである。――この建物の西側のごく一部を除いて、東側・南側・北側のフリーズはすべて大英博物館にあるのだから。[9] エジプトのおびただしい数のミイラや、アッシリア、バビロニアの壁面彫刻など、みな、こうしてイギリスに運び込まれたものである。それらの巨大な大理石の遺物が、ここロンドンの一角でみられることは、かつて世界七つの海を支配した大英帝国の栄光をも示すものである。

イギリス人は、できたらパルテノンをそっくりもってきたかったところであろう。そのためかパルテノンを模した建造物はロンドンの随所にみられる。大英博物館の正面そのものがそうであるし、シティ（City of London）[10] のバンク街にある市長公邸（Mansion House）、イングランド銀行をはじめ、権威や富の象徴となると、かならずパルテノンが正面に据えられる。田舎の小さな町で、何とかブラザーズ商会が、小さな建物をドリス式の柱（その発展としてのイオニア式、コリント式）で飾っているのをみては笑ったものである。かつては、ロンドンのユーストン（Euston）駅が、パルテノンを入口に設けていたが、そのときのフリーズは、いま、新築のユーストン駅の待合室に飾ってある。マークス＆スペンサー（Marks & Spencer）というヨーロッパ最大のチェーン・ストアはオックスフォード・ストリートにパルテノンを模した、当時、パルテノン（The Pantheon）と呼ばれた建造物をもっていた[11]。

産業革命以前に、これといった文化をもたなかった後進国イギリスは、ヨーロッパ大陸の先進国などより古く、かつ、高次元な富の象徴をもってくる必要があった。ギリシヤが理想とされた。かくて、紀元前四四七～四三二年建立のこの建物が選ばれたのではなかかろうか。

ただ、強大な財力と武力で、これらを集めたとはいえ、ビクトリア・アルバート博物館などで私などが感じるのは、かれらイギリス人は、これらを集めるだけの美的感覚があって集めたのか、あるいは、集めるために集めているのにすぎないのかという疑問である。それほど、コレクション・マニア的雰囲気にあふれている。美術品、棺の表面に飾られた彫像（模造。もってこられない大陸の美術品はすべて実物大の模造でみられるしつこさである）のほか、鉄さくや戸の鉄の飾りなどのコレクションが、ところ狭しと並べてあるのをみては異常ささえ感ずる。したがって、われわれは、一七世紀当時の木造家屋の正面が三階建てのまま切り取られて博物館内に展示されていても、やがて驚かなくなるのである。

ナショナル・ミウゼアムではないが、交通博物館（M. of British Transport）では、汽車・電車・バスなどの実物の陳列がある。また、旅行地の宣伝ポスターの陳列も当然であるが、その原画までが、印刷されたポスターと並んで掲げられているのをみると、しつこさを感ぜざるを得ない。したがって、思想やナショナリズムが表面に出ないわけにいかない英連邦会館（Commonwealth Institute）や戦争博物館（Imperial War Museum）なども、できるだけ「イギリス」の立場を押し殺して、他国を公平に扱おうとしているのはいじらしいほどで、これはコレクションにのみ精を出したイギリスの博物館が、逆に、何も語りかけていないことになりかねない弱みが出ているように思えた。

英連邦会館は、イギリスのかつての植民地で、今日は独立しているオーストラリア、カナダ、インド、パキスタンその他世界各地の旧植民地が、イギリス女王をシンボルとして、経済的・政治的・軍事的な結びつきでなく、たとえば英語教育などの文化面でルーズな関係をもったもの――としてあるだけに[12]、展示は物産展といった様相を呈している。そして、ガンジーなど旧英帝国への反抗者も公平に扱い、その結果、むかしの暴虐は、どこにも影をとどめないようになっている。

戦争博物館においては、第一次、第二次両大戦ともイギリスの唯一最大の敵はドイツであったことが再認識される。第一次大戦ではタンク、毒ガスの出現、第二次大戦ではV1号、V2号の出現がいかに重大な意味をイギリスにもたらしたかがわかる。今日、整然とした街並みしかみないロンドンが、第二次大戦下では爆撃で廃墟となったことが示される。一六六六年のロンドン大火以上の損害を蒙ったのであるが、建築様式の違いもあろうが、その回復力には驚くべきものがあるといわざるを得ない。

日本については、英軍捕虜六、三〇〇人を死亡させ、三三万人を酷使して建設したビルマ鉄道のレールと枕木の一部がわれわれにつきつけられる。と同時に、神風の説明をはじめ、真珠湾攻撃が、史上、もっとも少ない損害（二九機）で最多数の艦船撃沈という戦果を挙げた戦いと、戦術的に扱われている（もっとも三隻以外は引揚げられて戦列に復帰したと書かれているが）〝公平さ〟である。しかし、原爆が、戦術も何も飛び越えて、人類の破滅につながるという認識はないか、あるいは原爆は極東の日本に落されたもので、当面、イギリスに関係はないとするためか、扱いが不当に小さいように思われた。allied & enemy と、パンフレットにあるとおりの公平な扱いは結構であるが、それは勲章のコレクション（敵ではドイツが多い）となって陳列されることになるが、ヨーロッパの戦争博物館との違いは、ナチスのユダヤ人殺りく問題のないことであろう。[13] また、イギリスの第二次大戦中の戦時体制も、military & civil とあり、銃後（public force）の働きを武器と服装の陳列で示して、正規軍と公平に扱っているのも興味がもてた。特に、戦時下の日本の銃後との違いは、武器がライフルのように精巧なものが多種類あり、服装も戦後の婦人警官や交通警察（traffic warden）の原型となったと思われる立派なものであった点である。日本が竹ヤリ、木刀、モンペなど一色であったことと対照的といえよう。

イギリスは結局、この両大戦によって蓄積した富を使い果たしたわけであるが、その背景なしに陳列品をみても、やはり、うら悲しい大国の末路がうかがわれる。

地域性　「イングランドを制する者は全イギリスを制する」といわれる。かように、イングランド地方はイギリスの代名詞を冠されるにふさわしい。かつては大陸と地続きであって文化の摂取に適した地域を占め、気候は暖く、湿気もあり、green country と呼ばれる沃野を南に、black country と呼ばれる鉄・石炭の豊富な地域を北にかかえていたことは、イングランドをしてイギリスの中心としてきた。しかし、それは、日本の関東や関西などのもつ意味とはたいへん異なる。

イギリス（正式には The United Kingdom of Great Britain and Northern Ireland）は、四つの国から成っている連合王国で、イングランド（England）がこの国の中心地域なのではなく、支配国なのである。つまり、イングランドがウエールズ（Wales）、スコットランド（Scotland）アイルランド（Ireland）を征服していったことを忘れてはならない。すなわち、ウエールズが征服された年は一五三五年であり、スコットランドは一七〇七年、アイルランドは一八〇〇年にイングランドに合併された。

いずれも、イギリスの永い歴史からいえばそうむかしのことではない（そして、アイルランドは後述するように、南アイルランドが一九二二年、独立をかち取ったが、北は独立できず、北アイルランド問題を今日残した）。

ウエールズの語源は「外国人」という意味といわれる。また、イングランドと同じケルト系でもスコットランドとアイルランドは古い渡来者ゲール人の子孫であるなど。

したがって、「あなたはイギリス人か」とイギリス人に聞くと、もしも、それがスコットランド人であれば「いいえ、私はスコットランド人だ」と答えると知人が話してくれた。Scotsman, Welshman, Irishman という言葉がそのためにある。しかし、イングランド人（the English）という言葉は、イギリス人全体を同時に意味する。イギリス人は、つまり、狭い意味ではイングランド人のことで、スコットランド人らは除かれるというわけである。ラジオなどでは、イギリス人全体をブリトン（Briton）といっているようだが、これも、古代ローマ時代にイングランド地方に住んでいたケルト人の名称であり、狭い意味ではイングランド人を指す言葉である。

では、地域性の違いをみるためにイングランド（産業革命の中心地であるが、省略）を離れよう。ウエールズは、イングランドと行政上も一体となっており、北アイルランドは後述の事情で検討しにくいので、スコットランドに、その実体をみよう。

ロンドンのキングス・クロス（King's Cross）から六時間、〝Flying Scotsman〟という急行列車で、スコットランドの首都エジンバラ（Edinburgh）に行く。途中、イングランド国境をすぎるころから、山また山の荒涼たる風景となる。羊や牛がいるが、白い羊は、あたかも〝かいこ〟のようにしかみえない——いつも草を食べるため下を向いてい

チェスター（イングランド）の白い壁に黒い木の古い建物（half-timbered）

るので。羊の中には大きなのもいて、茶色で牛ほどもある。牧場また牧場。

　車中で読んだスコットランドの新聞に、（一九七一年）二月以来（九月一六日までに）「四人の犠牲者」というタイトルで、北アイルランドにおける兵士の戦死をトップ記事で報じていた。ところが、詳細に読むと、スコットランド兵としては四人目で、イギリス全体では二〇人目だと書いてある。ほかの出身の兵士はともかく、スコットランドの兵隊が四人も死んだのだ——という書き方なのである。また、スコットランドの現地の案内書を読むと、イングランドと同じ通貨が使え、郵便料金も同じと、わざわざ書いてある。これは、たとえば関西地方で日本銀行券が使える——ということと同じだから、やはり、考えさせられる。事実、スコットランドでは、イングランド銀行（Bank of England）の紙幣も使えるが、スコットランド銀行（Bank of Scotland）が、別に紙幣を発行している。イングランド銀行発行のすべての紙幣とコインに使われているエリザベス二世の肖像はなく、スコット（Sir Walter Scott ——スコットランド生れの小説家・詩人）らしい肖像が画かれている（スコットランド紙幣はイングランド内では、イングランド紙幣と交換しなければ使えない）。ちょうど、ルクセンブルク国内ではベルギー紙幣が流通しているが、ルクセンブルクも紙幣（コインも）を発行している関係に似ている。

　エジンバラは北国特有の黒ずんだ灰色の建物が並び、スコットの記念塔が黒く突立ち、イングランド、特にクロムウエルの軍隊と闘ったエジンバラ城が市の小高い丘に立っている。想像していた以上に美しい街である。タータン・チェック模様のズボンをはいたスコットランド兵が守る城の上に立つユニオン・ジャックが、何となく、〝征服者〟の旗じみてみえる。かつてはエジンバラ城を守り、一度は戦利品としてロンドンに運ばれた一七世紀の大砲もみられる。

エジンバラ大学（一五八二年創立）の隣に、王立スコットランド博物館（Royal Scottish M.）があるが、小品ながら美しいものがあり、外国のものが多いが、大英博物館にみられる露骨な略奪品の感はない。古来から伝わる円いガラスの文鎮は、底に複雑な色模様が浮いてみえる逸品で、その技法は現在に伝えられている。スコットランド民謡とともに哀愁あふれるものである――スコットランド自体が被征服者だから、そうみえるのかも知れないが。

エジンバラその他、スコットランドの街を歩いていてただちに気付くのは、黒人、インド人、中国人、日本人など有色人種をみかけないことである。北国特有の銀髪の人を多くみかけるが、特に老人はスコッチやけの顔で人の良い感じがする。民宿（Bed & Breakfast ――ベッドと朝食付、一泊一、〇〇〇円程度）に泊るため、バスで下りた余端、お前は中国人かという調子で道を教えてくれた老人、また、民宿を探していると、道の反対側を歩いていて行き過ぎたのに、戻って車道をこちらへ渡って教えてくれた婦人等、親切である。

その親切さは、強者のそれではなく、弱者、被征服者としての心からのものと考えた。というのは次のような経験をしたからである。

エジンバラからインバネス（Inverness）に行き、湖水地方へ行こうとしてロセスという反対方向の町へ行ってしまったとき、翌日は日曜日でインバネス行きのバスがなく、生れて初めて〝ヒッチハイク〟を試みたところ、最初の車が停ってくれた。五〇がらみの年輩の小男であった。次いで、インバネスから出る最終バスでネス湖々畔をフォート・オーガスタス（Fort Augustus）で泊るつもりで行くのに、途中、美しい湖をみているうち、湖畔で泊りたくなり、下ろしてくれというと、バスの運転手が、B．＆B．まで私と一緒についてきてくれ、部屋が一杯で拒わられると、また、乗せてくれた。この間、バスの乗客はわれわれをおとなしく待ってくれているという人の良さ！つまり、このあと、バスがないのでやってくれたのだ。そして、ついに私は安ホテルに泊ることに成功した。さらに、そのホテルで出遭った夫妻が、レンタカーで丸二日間、親切にも私をドライブさせてくれたのである。

ドライブに誘ってくれたE氏はイングランド、サリー（Surrey）生まれでスコットランド人ではない。しかし、この人のお陰で、いやになるほど、これがスコットランドだという風景をみただけでなく、いろいろ教えてもらうことができた。

たとえば、フォート・ウイリアムに近く、ベン・ネビス（Ben Nevis）という山がある。海抜一、三四三メートルのこの山は、イギリス全土で最高峰である。いかに、イギリスの国土が平坦であるかをよく示している。ところで、イギリスではE氏によれば、三〇〇メートル以上のものを〝山〟と呼ぶそうである。そういえば、イングランドのなだらかさからみれば、スコットランドは山らしい山がある。しかし、日本の山からみれば、丘としかいえないていどのものであろう。国土の七分の六が山地である日本と、山（丘）の上まで牧場で、利用されているイギリスとでは、大きな差異がある。イギリス全土は、日本の三分の二の広さしかないが、国土が平坦なイギリスは、きわめて効率よい土地の利用が可能なのであり、日本は山地の間に平野がある地形であることを再認識する。

ドライブしていて、イギリス人は道の両側に樹が生い繁っているところを通ると美しい景色（good scenery）とか素晴しい（marvelous）とかいう。これは産業革命の過程で、石炭利用前に蒸気機関用の木材をどんどん伐り倒したことも関係があろう。また、当然、頂上にあるべき木がなく、牧場が山頂まで続いている姿も乱伐の結果と考えられる（イギリスはそのため植林を行ったが、日本は本当の意味での近代的植林はなされず、乱伐に次ぐ乱伐を行っている。これは木は無限にあるという森林国の意識から出たもの）。つまり、イギリスでは木が貴重になって、二〇〇〜三〇〇年が経過しているので、樹木の生い茂っている光景に感激するのである。ところが、日本では樹が伐り倒された見晴しのよいところを好む。これは石の文化と木の文化との違いであろうか。それにしても、スコットランド湖水地方は晴れていたかと思うと小雨が降り、巨大な虹を四回ほどみた。そして、ぬれたように白い太陽のことを〝watery sun〟ということも教わった。

羊が道に寝そべっているが、立札に羊、牛の場合は牛、角のある羊の場合はその絵が画いてあり、その下に三マイルの間（for 3 miles）などと書いてある。E氏の話だと、羊は一年中放牧し、春に一回毛を刈られるだけ（洋服などに new wool と書いてあるのがそれ）。自動車道が放牧されてある牧場を横切っているが、羊は入口にある鉄板にある溝によって外へ出ることは防がれている。いっぽう、牛は一日二回、回収される。その回収が容易なのは牛の乳は人間が全部しぼってしまうので、生まれた仔牛は母の乳房から飲めない。そこで仔牛には人間が牛乳をやることになるので、やむなく、母牛は仔牛を連れて一定の場所に自分で行くことになる（初めての場合は、犬が導く）。仔牛はヨーロッパ大陸の場合は生まれると（雄牛であれば）すぐ殺して肉をとる。ところがイギリスでは二〜三週間は母親と生活させなければならないルールがあるという――僅かにイギリスのほうが人道的か。産業革命とともに起こった農業革命の結果、冬も生えている牧草のため、かかる放牧が可能となったことを想い起こす。

また、イングランドでは結婚の最低年齢が一八歳未満の場合は両親の許可がいるが、スコットランドにはそれがない。そこで、グラスゴー（Glasgow）近くの鍛冶屋に司会をしてもらって結婚式を挙げていた（なぜ、鍛冶屋なのかはわからないとのこと）。まだ、そういう場所が残っているという。

フォート・ウイリアム（Fort William）近辺にカナダ先発隊の銅像が立っている。これは、カナダ兵が第二次大戦中、ここで上陸作戦の演習をしていたところが、いつの間にかいなくなった。村人はどうしたのだろうと思っていたが、結局、ノルマンディー上陸作戦に出て戦死したということがわかった。そこで、その死を悼んでこの辺のスコットランド人が自発的に建てたものだという。フォート・ウイリアムのような小さな町にも、アメリカ資本のウールワース（F. W. Woolworth）の雑貨店が店を開いていた。そして、国有問題でゆれる造船の町、グラスゴーのさびれた街路で、この夫妻と別れたのである。

途中、辺ぴな海浜にある民宿に宿泊したが、未亡人で、子供をオーストラリアに嫁入らせているこの家も、イングランドと何ら変らない広い部屋をもっていた。ネス湖の怪獣についてはは影がみえた話をして、その存在を疑っている風はみえなかった。この人の父は朝、かゆを食べただけで羊を一〇頭連れて、二〇〜三〇マイルのところを毎日往復していたそうである。また、女主人の友人が八回訪ねてくれたが、八回とも晴天に会わなかったといっていた。二階にこそ水が出なかったが、水洗便所で、イギリスの下水道普及率一〇〇％を確かに知りえた。

I．R．A．　アイルランド問題は、実に一七世紀末以来の問題であるが、歴史的にイギリス本土の力が弱まると盛りあがるように思われる。前述したように、アイルランドは独立国であった。しかし、クロムウエルがピューリタン革命（一六四八）を成立せしめ、対外的にアイルランドの征服に乗りだし、一六五二年ごろまでにこれを勢力下においた。しかし、クロムウエル死後の王政復古（一六六〇）により、カトリックに改宗したチャールズ二世は反動的性格をあらわにし、ジェームズ二世の治世をきらった議会は、ついに王をフランスに追放、オランダのオレンジ公ウイリアムとメリーを共同統治者として迎えた。名誉革命（一六八八）である。いっぽう、ルイ一四世は、ジェームズを援けて、アイルランドに軍隊を送った。アイルランドの多数を占めているカトリック教徒はジェームズの下に集まり、ここにイングランド軍と戦が開始された（一六九〇）。そして、アルスター（Ulster＝Northern Ireland）にいた移民から成るピューリタンは、勇敢に闘い、遂に同年、ボイン（the Boyne）河畔の戦でジェームズの軍を破った。これがベルファスト（Belfast）の七月一二日のオレンジ祭（The great day for Orange celebrations）である。以来、イングランドは一六九一年までに支配を完了し、アイルランドに対する差別政策を実施した。財産が事実上、カトリック教徒の手に渡らないようにし、また、教育を受ける権利や官吏その他の名誉職に就く機会を失わせた。

二〇〇年後の一九六九年三月の資料で人口の五三％がカトリック教徒の北アイルランド、ファーマナ州（Fermanagh）における位置をみると、次のような低さである（学校職員を除く）[14]。

	カトリック	プロテスタント
1. 州議会行政・財政		
(a) 文書	0	10
(b) 財政	1	17
(c) 地方税	0	4
(d) 管理	0	2
2. 住宅局	0	10
3. 州図書館	1	14
4. 計画・観光局	0	5
5. 建築局	1	8
6. 公共土木事業局	4	60
7. 教育局	4	120
8. 健康・福祉局		
(a) 健康	17	63
(b) 福祉	4	25
総　計	32	338

アイルランドはその上、イングランド中心の経済政策によって農民は小作人に甘んじさせられ、また、イングランドと競合する産業を興すことが許されず、せいぜい麻織物業を発達させただけであった。やがて、アメリカ独立戦争の際に、議会の独立を獲得できた。しかし、一八〇〇年、買収策によってアイルランドは、イギリスに合併された。かくて、カトリックは、イギリスの制度により議員や官吏になれず、アイルランドの住民の八分の七を占めるカトリック住民の意志を表明する場はなかった。

そして、一八四六年の飢饉によって、餓死者のほか、アメリカへの移住者が続出し、人口が半減（約四〇〇万）した。アイルランドは、のち、第一次大戦の機を捉えて、独立の運動を起こし、南北アイルランド武力衝突の危機ともなった。北アイルランドのピューリタンの武装に、南アイルランドのカトリックも武装したからである。ドイツと戦おうとしていたイギリスはアイルランドを自由国として承認せざるを得なくなった（一九二二年）。そして、南アイルランドはエール（Eire）として一九三七年、完全な独立国となった(15)。この独立の過程で「我等のみにて」（Sinn Fein）という合言葉のもとでゲリラ活動を行っていた義勇軍（The Volunteers）が、今日、アイルランド共和国軍、すなわち、I．R．A．（The Irish Republican Army）として次第に知られるようになったのである。

そして、北アイルランドは一九三七年の連合主義者政府（Unionist Government）の下で第二次大戦中は、イギリス本土から、ベルファストその他に造船、機械、航空機工業が移植され、軍需用の織物業も活況を呈した。しかし、終戦とともに、ふたたび不景気となり、一九六六年に、失業率は六・一％（イングランド・スコットランド・ウエールズは一・五％）に達した。一九四五年の産業開発法（Industries Development Act）ほか一九五四〜六二、一九六六年と産業開発法は発布されたが、いずれもイングランドとの関係で、漸進策（the "step-by-step" policy）を進めるユニオニスト政府のもとでは、あまり成果も上らなかった。Unionist というのは、あくまでイギリスと連合することを信条とする人びとないし、政党のことである（対立者は Nationalist）。

エールは人口二九〇万のうち一〇万がプロテスタントで少数派、北アイルランドは一五〇万のうち五〇万がカトリックで、プロテスタントが九〇万といわれる。北アイルランドのカトリックは三四・九％で、少数派を形成している。北アイルランドのプロテスタント派議員は、いわゆる gerymandering（自党に有利なように選挙区を改変すること）を行って、カトリック議員の選出をはばみ、それでカトリック議員は議会をボイコット。カトリックは当然、エールと合併したいと考えているが、スコットランドやイングランドから渡ってきてここを支配しているプロテスタントは反対というわけで、あくまで、イギリスにとどまろうとする。かくて一九六〇年代末から市民権獲得運動の高揚が始まった。しかし、一九七〇年七月初旬、イギリスの軍隊はそれまでの穏和策を止め、軍事力をおさえる方針に変えた。一九七一年七月初め、保守党首相ヒース（Heath）はEC加盟を放送することで、イングランドの消えかかった帝国の過去の夢を復活させる方向を選択、ムードリング（Mouding）はI．R．A．との全面戦争を宣言、八月九日から、非常事態法により、市民権獲得運動のリーダー達を、無期限に裁判なしに拘禁（internment without trial）できるようにした。同様、令状なしの家宅捜索、集会の禁止もできる。これらに対する反発から過激化したI．R．A．を中心とするゲリラ活動は、特に首都ベルファストとロンドンデリイ（Londonderry）を中心に起こってきた。それがなぜこの両都市で起こっているかということは、カトリックへの差別政策で、人口の多いカトリック住民が貧民街におしこめられているからに外ならないといわれる。しかし、どこの国でも恥部はあるということで、イングランド、特にロンドンではこの問題に無関心でさえある。ところが……。

一九七一年一〇月三一日未明、ロンドンのどこからもみえ、二〇〇メートルの高さの電話・テレビ塔（General Post Office Tower）の三一階が、I．R．A．の手で爆破された。いよいよ、北アイルランド、ベルファストが、ロンドンに移ってきた。I．R．A．はちょっと前、イギリスの各都市に北アイルランドでの戦を広げると公言していた。タワー爆破事件は、アイルランド海の外にテロのキャンペーンを初めて進めたものとすれば、罪悪どころか、ばかげたこととタイムズ一一月一日号も報じているところをみれば、これが最初の攻撃であることは事実であろう。一〇月は国連が中国を承認したが、イギリスでは北アイルランドの戦が拡大されたかたちで終った。ともかく、破壊されたコンクリートや金属片などは四分の一マイルの広さにまきちらされ——なお、カメラをもった群衆が数百人集まり、ロンドン大学経済学部学生は宿舎の屋根からみせてやるのに一〇ペンスずつとって、その金は慈善事業へ寄付

——というのであるから、効果的な宣伝となったものである。新聞によると、女の声で前夜、爆弾を仕掛けたという予告電話があり、また、事件発生後、男の声で、あれはI．R．A．のキルバーン部隊（Kilburn Battalion）がやったと電話があったという。キルバーンは、筆者の下宿のあるところである。街路に「I．R．A．がんばれ」（Up the I.R.A.）という落書きもみたし、アイルランド人が多い街で、アイリッシュ・インデペンデント（*The Irish Independent*）、アイリッシュ・プレス（*The Irish Press*）などのアイルランド人向けの両新聞とも、北アイルランドのイギリス軍によって行われている不法な逮捕、家族のなげきを、たいてい一面に報じている。値段も、北アイルランドで三・五ペンスのものが五ペンス（輸送費ふくむ）であるが、売れているようである。七一年一二月一〇日号のアイリッシュ・プレスは、父が八月九日以来、例の internment で拘禁され、さらに一二月九日、母と一一歳の男の子が軍隊によって連行されたため、一〇歳、八歳、七歳の女の子三人が家にとり残されたと報じている。

リアム・ド・パオル（Liam de Paor）はアイルランド生まれの大学教授であるが、その著『分割されたアルスター』（*Divided Ulster*）の中で、北アイルランドのカトリックは、たまたま白い皮膚をもった黒人であるという比喩は、カトリックとプロテスタントが、その信仰の問題で争っているのだというい方よりずっとよいとし、一貫して、北アイルランド問題は植民地問題で、植民者と原住民との間の〝人種的〟差別が宗教によってあらわになったものだから、その解決はアイルランドの分割を止め、アイルランドに北アイルランドを属させるべきだと説く。したがって、「アイルランド問題」は実は「イングランド問題」なのであり、イギリスの武力行使による、イギリスによる解決法は、失敗したし、失敗しつつあるし、将来とも失敗し続けるであろうといっている。

日本研究　イギリスの日本近代研究はサンソム卿（Sir G. B. Sansom）の『西欧世界と日本』が、世界の、特にアメリカの日本研究に大きな影響を与えたことはよく知られている。[16] かれは武士道その他、日本文化への愛着を基礎に、日本文化の特殊性を否定せず、かえって評価した。経済史の分野ではアレン教授（G. C. Allen）の『近代日本経済小史』(17)ほか数編の日本経済史の研究が一九二〇年代から始められており、邦訳こそされないが、概説書としてよく読まれている。さらに、日本によく知られているドーア教授（R. P. Dore）の『日本の農地改革』その他の社会学的立場からの研究は、(18)アメリカ学者に比肩さるべきものであろう。事実、ドーア教授そのほかの日本研究者は、アメリカで研究を続けた経験をもっている。以上のような意味では、アメリカの日本研究とイギリスの日本研究は相互に影響し合っているはずである。しかし、アメリカの日本研究に比して、イギリスの日本研究は、あまり紹介されていない。これはどうしてなのか。あるいは、アメリカの日本研究とイギリスの日本研究との違いは何か。

この点について、鳥瞰図を作成したいと思ったのであるが、時間、その他の理由で不可能であったので、以下に挙げる四大学についてだけ、ルポルタージュ風に述べることにする。四大学とは、シェフィールド大学、ロンドン大学、オックスフォード大学、サセックス大学である。これらの大学を選んだのは日本研究の中心であるほか、シェフィールドは地方都市大学、ロンドンは都市公共大学、オックスフォードは伝統大学、サセックスは新大学という、おのおの各分野の代表的な大学として考えられるからである。

"*Which University?* 1972" によると、シェフィールド大学（Univ. of Sheffield）は一八九七年医学、工学の school を基礎に成立して、一九七〇年五、七五〇人、七二年五、九〇〇人が学んでいる（七二年度の大学院生はうち、二〇%で、full time の学生は八〇〇人、part time の学生三五〇人）。学部（faculty）は九つで、純科学、人文、工学、社会科学、医学、材料工学（Material Technolgy）、法学、経済学、建築学である。

ミッドランド地方のマンチェスター（Manchester）に近いシェフィールドは Sheaf 川からその名をとり、かつて Sheaffield といわれていた起伏に富んだ町で、地方の一大都会である。ここに、イギリスではただ一つの日本研究所

(Centre of Japanese Studies) が設けられている。ここで、コリック教授 (R. M. V. Collick) から聞いた日本研究所の成立事情を紹介しよう。

一九六二年、ヘイター・リポート (Hayter Report) というものができた。これはヘイター卿 (Sir William Hayter) を頭に戴いた調査機関が、アメリカなどのアジアやアフリカ研究の実情を調べたものである。そして、イギリスはこれではいけないと考えた。それより以前、イギリスは日本の発展はたいしたことはないとみていた。したがって、日本研究も平安時代の文学とか、古い時代のものが多かったが、経済・社会の現状に対する研究の重要性に鑑みて、University Ground Committee (以下、U. G. C.) が発足、これが資金を出して、ミッドランド地方にある四つの大学に研究所が設立された。

シェフィールド大	日本研究所
リーズ大 (Univ. of Leeds)	中国研究所
ハル大 (Univ. of Hull)	東南アジア研究所
ダラム大 (Univ. of Durham)	中近東研究所

シェフィールドは日本研究のイギリスにおける中心として成立した。五年ごとのプロジェクトによるので、最初の五年は終了、次の五年の二年終了、八年目に入ったという (一九七一年一〇月~)。そして、これからはシェフィールド大学全体の予算の中から出資される。つまり、U. G. C. が直接出さない形となる。したがって、一九七二年度から社会科学部 (Faculty of Social Science) の下に、division として入る形となる。現在 (一九七一年) は faculty 格

となっている。つまり、独立した存在である。しかし、経済史などのスタッフは重複しないよう交換している。事実、社会科学部の中にも、社会学と日本語というコースがある。

スタッフはボーナス所長（G. Bownas、近代日本文学）、コリック（社会史、特に労働問題）、ダニエルス（G. Daniels 日本近代史と国際関係）、アンソニイ（D. W. Anthony 近代日本経済発展、特に繊維が日本経済に果たした役割）、ヒーリイ（G. H. Healey 日本近代政治史、思想史）、モラン（J. F. Moran 日本語史、言語学、哲学）、ジエリネク（J. Jelinek 言語学）である。所長以下スタッフの大部分は、オックスフォード大学出身者（Oxonian）である。平均年齢は所長が四九歳で、平均三一〜三二歳、きわめて若々しいことが特徴である。

ここでは特に、日本語が自由に話せ、書け、読めることを条件としており、その上で研究を進める方針に立っている。ところが、ロンドン大学、ケンブリッジ大学、オックスフォード大学とも、その点はきびしくない。とはいえ、イギリスの場合、日本語から入り、そして社会学、政治学、経済学の各分野に研究を進める場合が（学問の方法として）多い。アメリカの場合、社会学、政治学、経済学（経営学）などの専攻者が、日本をその研究対象に選んでいる場合が多い。この結果、日本研究はたしかに、イギリスの場合、アメリカより遅れている。しかし、アメリカでは、すでにでき上った各人の学説に応じて研究が深化されるので、その点、真に日本の実体をつかんでいるかどうか、中には浅い研究もあるという。この自信と、この研究所のスタッフの若さから、シェフィールド大の研究者が今後一〇年後に果たす役割は、注目すべきものがあるという印象を受けた。

研究所は、四年間で終了であるが、一年生のためのカリキュラム紹介（一九七一／七二年）をみると、一年目は日本語をはじめ日本史、社会政治制度、近代日本の経済的発展など、あくまで基礎に重点がおかれる。週二回の日本語の授業のうち、一時間は（講義時間はイギリスでは一時間単位）日本語のラボラトリーで、一時間は講義（二五回完結）で内容は一八〇〇年以後の日本史、近代日本社会の諸問題、近代日本の経済的発展、および政治的発展などをカバーしている。以上近代日本と書いているのは"Modern Japan"を日本流に訳したのであって、実は西欧流の時代区分からいえば、封建社会を除く現代までふくめての近代であることを注意しなければならない。つまり、前述したように現在の日本の理解に、初めから取組む姿勢がうかがわれるのである。一応、参考文献として挙げられているのは、総論としてホール、ビアーズレイ共著『日本への二〇のとびら』（J. W. Hall & R. K. Beardsley, *Twelve Doors to Japan*, Mcgraw Hill, 1965）、各論として、歴史分野にはサンソムの『日本史』（"*A History of Japan*"）をはじめ、ライシャワーその他、社会分野でドーア教授の『都市の日本人』（"*City Life in Japan*"）、ベラー、石田雄の著書など政治分野ではウオード、丸山真男の著書など、経済発展分野では次の六点が挙げられている

1. W. W. Lockwood, *The Economic Development of Japan.* (O.U.P) ――邦訳『日本の経済発展』
2. G. C. Allen, *A Short Economic History of Japan* (Allen & Unwin)
3. G. C. Allen, *Japan's Economic Expansion*
4. T. C. Smith, *The Agrarian Origins of Modern Japan* (Stanford) ――邦訳『近代日本の農村的起源』
5. M. B. Jansen ed., *Changing Japanese Attitude Toward Modernization* (Princeton Univ. Press) ――邦訳『日本における近代化の問題』
6. W. W. Lockwood ed., *The State and Economic Enterprise in Japan* (Princeton U.P.) ――邦訳『日本経済の百年』（ただし一部訳）

以上、基礎のためもあるが、四年間を通じて歴史にウエイトをおいており、アメリカの日本研究を支えていると思われる経営分野の問題は、イギリスの大学では、依然として重視されていない。イギリスの大学で経営学が発達しない理由を聞いたのであるが、わからないということであった。しかし、これは、イギリスの個人経営の発達とそれへの自信、Captain of Industry の意識と関係があると考える。コンピュータの導入もイギリスは遅れていることが、新聞で、指摘されていた。だがコンピュータはアメリカや日本のように、周囲を終始みながらプランを立てる競争社会には全く向いていないシステムである。とすれば、個人の意識が強いイギリスで普及が遅れていることは納得できる。

ロンドン大学（Univ. of London）はロンドンの中心部にあり、たくさんのスクールの連合体である。一八三六年に創設された。もっとも、カレッジは一七世紀から、主として医学・病院関係のそれは設立されていた。特に経済政治部門については、一八九五年、シドニー・ウェッブ（Sidney Webb、経済学者・社会学者・政治家、一八五九～一九四七）によって設立された。一九〇〇年、School of University となり、ロンドン大学の教育体制が完成し、現在は、一九二六年のロンドン大学法の下で作られた規制にもとづいて、運営されている。「すべての階級、教派に、またイギリスとあらゆる地域の人に提供される」としてあるだけに、外人学生は三二%に達する。一九、〇〇〇人の学生（うち、大学院生一二、〇〇〇人）で、学部は経済学、法学、人文学、科学、音楽、医学、工学、教育学の八学部があり、大学院は種々なコースがあり、研究所ももっている。経済学部の講義の中には、ロンドンにある大学だけあって、経営学やコンピュータの講義もある。しかし、講義の群別として、前者は Industry & Trade という名称の下に入っているにすぎない。経済史（近代）の群の中には特に日本を扱う項目はないが、国際史（International History）の群の中で満州国をめぐる日本の国連脱退から日本にふれるところがある。政治経済学を担当していたアレン教授は三年前に隠退、現在はベッカーマン教授（W. Bekerman）が後継者となっている（University College 所属）。

結局、大学院生を主とした東洋・アフリカ研究スクール（School of Oriental and African Studies）の中で、日本語のほか特に歴史部門のドクターコースで、日本研究が行われている。同研究所はSchool of Oriental Studiesとして一九一七年に開かれ、一九三八年に現在の名称になった。スタッフ二〇〇人を擁し、アジア・アフリカ研究では世界最大を誇る。したがって、世界の七〇カ国から研究者、学生を集め、ほぼ三分の二がイギリス以外の国からくるという国際性を具えている。同スクールは一九一七年、イギリス初の日本語教育開始、戦時中は一九四七年廃止まで日本語戦時コースを特設した。前述の歴史部門はスタッフだけで三五人、学生は一二〇人もいるが、アフリカ史、中近東史、南アジア史、東南アジア史、極東史（History of the Far East）の五セクションにわかれ、極東史の中で、ビースレイ（W. G. Beasley）教授が日本史、シムス教授（R. L. Sims）が近代日本史を教えているし、そのほか、このセクションには中国史、近代中国史の講義もあるが、研究調査が中心であるから、常時、その地へ行って調査することが認められている。

なお、学部段階の東洋・アフリカ研究スクールは、極東の言語と文化（The Languages & Cultures of the Far East）のコースに、日本研究が入っているが、一年目は語学（中国語か日本語を一つ選択）に重点をおき、二年目は語学七〇％歴史三〇％、三年目は語学五〇％歴史五〇％、四年目は語学三〇％歴史七〇％の時間配分が要請される。シェフィールドでは、他の大学は語学に力を入れていないといっていたが、イギリスの大学は、やはり、理論よりも、まず語学、ついで歴史に重点がおかれている。

サセックス大学（Univ. of Sussex）は、ロンドンの南五〇マイルところにあるブライトン（Brighton）いう保養地の中心から三マイルのところにある新大学である。一九六〇年代にサセックスをはじめとして、エセックス、ケント、ヨーク、ワーウィック、イースム、アングリア、ランカスターの大学が各都市の郊外に設立された。サセックスはそのうち、一九六一年という早い時点で設立された。もっとも、第一次大戦前から設立の構想はあったという。二〇〇エーカー（約八一万平方メートル）の敷地に赤レンガのせいぜい三階建の建物が散らばっている美しい大学である。一九六一年設立時には五二名しか学生がいなかったが、一九七〇／七一年、四、〇〇〇人（うち二一%が大学院学生）、一九七六／七七年には五、四〇〇人になる予定である。この大学は、学部（faculty）を廃止し、スクール（school）だけとしている。そして、ここでは従来のエリート養成の専門コースである学部という伝統的な固定観念を打破、広範囲の一般的研究の機会を提供した。スクールはかつての学部ではないのであるから、隣接科目を学べるようになっている。スクールは次の九つである。

1. アフリカ・アジア研究（African & Asian Studies）
2. 文化・社会研究（Cultural & Community Studies）
3. イギリス・アメリカ研究（English & American Studies）
4. ヨーロッパ研究（European Studies）
5. 社会科学（Social Sciences）
6. 応用科学（Applied Sciences）
7. 生物科学（Biological Sciences）
8. 数学・物理科学（Mathematical & Physical Sciences）
9. 分子科学（Molecular Sciences）

1～5が文化系、6～9が理科系であるが、サセックスでは、6～9の理科系学生のほうが多い。また、3、4、5の学生数のほうが1、2の学生数より多い（前掲、"*Which University?* 1972"による）。各スクールに所属しつつ、主要科目（major subjects）をそのスクールに関連してとるのであるが、アフリカ・アジア研究スクールの場合は、経済学、英語（文学ふくむ）、フランス語（同上）、地理学、歴史、国際関係論、法学、哲学、哲学と宗教、政治学、社会人類学、社会心理学が主要科目である。そして、修士コースに入るための卒業必要科目は、通常五つの主要科目、と四ないし五の関連コース（contexual courses）の修得が必要とされる。また、この科目のとり方で、どのスクールの大学院に入る資格があるかが決定されるわけである。大学院修士課程のアフリカ・アジア研究スクールの、国際関係論の中に籍をおいた学生は五科目を修得する必要があるが、その特殊科目として「日本の一九四一年戦争決定」（Japanese Decision for War 1941）があることを記しておこう。

ドーア教授は開発研究所（Institute of Development Studies）に属されている。開発研究所はシアース所長（Dudley Seers）以下、二一名の研究員を擁する。プロジェクトとしては人的資源問題地域グループ、富裕国貧困国間の国際関係グループ、プランニングと政府問題地域グループ、地方開発問題地域グループなどがあり（一九六九／七〇年）その下に小プロジェクトやゼミナールが、問題に迫る形式をとっている。ドーア教授は第一のグループに属し、特に日本では日本とイギリスの工場組織の比較を終了[19]、ついで開発途上国における賃金組織、個人経営、産業関係などを進め、ゼミナールももっておられる。一九七一年秋、開発途上国の研究生を多く集めたドーア教授のゼミナールは、開発途上国は、新しい機械を輸入するか、古い機械を輸入するかをテーマに討論していた。ここに学際的（interdisciplinary）な、かつ、経営史的発想がみられて、この大学の方向が、新しい学問方法をとり入れていることは明らかで、アメリカの研究者との交流の深いドーア教授が、かつてのイギリスの植民地であった開発途上国の農地改革の問題から、広く開発途上国問題にとり組む格好の場という感がした。

日本研究に、現在、興味をもっていないとされるドーア教授に、日本研究のイギリスとアメリカとの違いをたずねた。教授はイギリスの日本研究が、(1)大きくは世界の学問に社会科学のもつ比重が戦後大きくなったことを反映し、(2)アメリカでの流行が日本に移った、これを土台としている。しかし、イギリスとアメリカで根本的な違いはない。アメリカでは日本語のできる者が集まっているうちに何か研究しようということになって、日本研究が始まった(一九五〇年の朝鮮戦争がアメリカの日本研究のきっかけかという私の質問について)イギリスでもスタートは同じで、特に戦時中からスカボロー・リポート(Scarborough Report)により、戦略的な意味で日本語のできる者を集めて戦争に備えた。これがヘイター・リポート以前にあるという。

オックスフォード大学(Univ. of Oxford)は七五〇年前、すなわち一三世紀(あるいは一二世紀)にその母体ができており、当時、教師と学生で一、二〇〇人であったものが、一九七〇年一〇月には一一、〇〇〇人(七六年は一一、五〇〇人を予定)となった。大学院生は二八%、オックスフォード大学はカレッジの連合体であって、大学のカレッジ的性格(すなわち、大学のあらゆるメンバーは同時に、すくなくともカレッジないしホールのメンバー。なお、ホールは、Campion Hall のようにジィスイット派のみをメンバーとするもの)は一六世紀にさかのぼれる。しかもカレッジは独立・自治・自営を原則として各カレッジで学生を選抜する。学生はしたがって、大学の学部にはもちろん属さず、カレッジに属する。カレッジ数は三四あり(ホールは五)、大学院学生のみのカレッジ五校を除くと、男子のカレッジは最高五二五人、最低一八人を収容する(一九七〇年第二学期現在)。オックスフォードの町は、同時に大学に属し、大学はまたオックスフォードの町に属するといわれるとおり、カレッジは町中に散在している。

学部(department)は神学、法学、医学、人文学、近代史、英語、英文学、中世・近代語学、東洋研究、物理科学、

生物科学、社会研究、数学……など一六。学生の比率は一九七〇年で、人文四三%、社会科学一八%、科学三三%、工学四%、農学・森学など二%となっている。しかし、むしろ、研究コース（Courses of Study）ごとに三三（一九七二／七三年）にわけて学生定員が決められて、林学（Forestry）は四名、近代史（Modern History）三〇〇名などと募集するように変ってきている（一九七一／七二年）。

日本研究は東洋研究（Oriental Studies）のコースで行うが、これは一六世紀半（ヘンリイ八世時代）から設置され、一七〇〇年までに中国の書物も図書館に入っていたという。アラビア、中国、エジプト、ヘブライ、日本、ペルシャ、サンスクリット、トルコ、マホメットの歴史を学ぶところで、定員は二〇名である。日本研究の学生は一九七一年、各カレッジから集まってくる二〇人から成っている。かれらは東洋研究所（Oriental Institute）で教育を受ける。ここには十分とはいえないが四万冊の図書もある。

日本スクール（School of Japanese）は三年で完結するが、原則的に次のようなカリキュラムにもとづいている（一期は一年の三分の一）。

(a)　一、二期—基礎の語学—集約的な近代（戦後）日本語の会話、読書

(b)　同時に、日本文化の一般的研究

(c)　三、四、五期—三つのテキスト必修

i　戦後の演劇

ii　戦前の小説

iii　古典文学からの選択、順を追って

(d)　六、七、八期—次の主要グループのひとつから選ばれた任意の三つのテキストのうち一セット

i　古典文学

ii　近代文学

iii　近代史および近代政治学

(e)　六、七期—特定の主題によるエッセー作成（特定の主題としてとられる古典ないし近代中国語）

(f)　(c)—(e)と同時に、即席の散文と口語体から成る語学練習、日本の歴史・文学・文化のゼミナール

さて、オックスフォード日本スクールの大学院生だけのセント・アントニィーズ・カレッジ（St. Antony's College）のパウエル教授（B. Pawell）に前述のドーア教授の考え方、ならびにオックスフォードの日本研究の現状をお聞きした。教授によるとアメリカが日本をアジアの手本とする考え方はたしかにあり、一九五〇年（朝鮮戦争）代以後に発展したもので、それは、National Defence Education Act（一九五八年）によったものだと思う。したがって、日本語のできる者が集まって自然発生的に日本研究が行われたというドーア教授の考え方とは、断絶が感じられた。やはり、パウエル、コリック両教授は戦後世代を代表して、ヘイター・リポートを重視するということであった。ヘイター・リポートはロンドン大学、ケンブリッジ大学、オックスフォード大学を調査して、これらの大学には「一文も」出さなかった。それは、古いことばかりやっていたためもある。そして、シェフィールド大学にだけ金を出して日本研究所を設けた。ケンブリッジやロンドンは自然に日本や東洋の研究を行う態勢ができていったが、オックスフォードが一番遅れていたという（最近までパウエル教授がひとりで文化・歴史・語学を担当してきた。イレーナ夫人も手伝っている）。教授によれば、シェフィールドに集中的に出すことにしたのはやむを得ないと思う。しかし、オックス

フォードの学生は「面白い人」が多いので、何でもやりたいことをやらせている。シェフィールドに日本研究所があっても、優秀な学生はオックスフォードやケンブリッジに集まるので、また、学生ははじめからどの専攻を選んで入学してくるというより、オックスフォードを選んで入ってくるのだということであった。

オックスフォードの教育制度の伝統であるカレッジ制度は、カレッジに教師も学生も属し、講義は大学（University）の責任であるが個人教授はカレッジの責任であり、毎週一日、一対一で教師と学生が会い、学生はそのとき、二〇～三〇分のエッセイを教師の前で読みあげる。日本語の場合は、書いてくるのは大変なので、たとえば漱石の「心」なら、その内容について論議するわけである。そして、カレッジは専攻の違う学生や教師が属している。しかし、会議その他では、専攻の違う者同士が議論してカレッジを運営していかねばならない。そこに説得の技術と、専門にのみ狭く入っていくのではなく、大きく学問を捉える習慣が養われる。古い組織ながら、現代的意味は十分あると考えられる。

天皇訪欧　欧州七カ国、一七日間の天皇訪欧は、特に、オランダおよびイギリスで反発をもたらした。筆者自身は天皇訪英直前、一時、ヨーロッパ大陸へ出てしまったので、滞英中のイギリス人の反応は見聞しなかった。しかし、日本商社員の知人は、その冷たい反応に、あらためて襟を正す思いで、なぜ、この時期に「皇室外交」をやったのか、のちに、特派員の座談会でもいわれたように「周辺が、事前に現地の空気をつかんでいなかった感じだ。それをやっていれば、対応のしかたもあったろう」といっていた。[20] 相変らず、戦争責任はもうすんだというひとりよがりが、急速な経済的強大化への危機感とともに、天皇個人の性格とは別に反日感情をかきたてたといったところであろう。安保改定の年に万博をぶつけるといった小ざかしさをみせる日本政府が、天皇のセンチメンタル・ジャーニィーを利用して、欧州市場の反応をみた感もあり、いずれにせよ、この莫大な費用に見合うだけの欧州各国の反応はみられたわけで、「きれいごと」では済まないことも織込み済みかも知れない。

オランダではアムステルダム駅前で、天皇反対デモをみたし、玉子をぶっつけられたり、「何でもよくみるが、ほとんど何も語らない」天皇の横顔を報道する記事、また、天皇の写真を表紙に掲げた『ニューズウイーク』一〇月四日号の天皇特集号も読んだ。しかし、ここでは、イギリスの反応に限ってみたい。きわめて日本的なことには『外国人の見た天皇』（原書房）が、はやばやと訪欧四カ月後出刊され、天皇滞英中、およびその後の新聞論評を知ることができる。

イギリス各紙のうち、三六〇万部という発行部数を誇る保守系のデイリー・エキスプレスがきわめて挑戦的で、「スーパー・ゴッドか、スーパー・セールスマンか」（一九七一年一〇月四日号）で、天皇が立ち去ったのち、今度は東京から商社マンが利益配当を刈りとりにやってくるだろうという記事や、「この苦しい見えすいたジェスチャー」（一〇月六日号）で、天皇の訪欧中、身につける軍隊用ネクタイを買いにでかけにタクシーに乗ったら事情を知った運転手が料金もとらなかった話、ビルマ海軍総督マウントバッテン伯が天皇との会見を拒否したことを支持するとともに、天皇が指揮した戦争により極東で殺された人たちへの侮辱行為として天皇訪欧を批判する記事を載せている。その他の新聞は五〇年前（一九二一年）、皇太子時代の滞英中のエピソードをまじえ、天皇の過去・現在を解説したものが多いが、オブザーバー（一〇月七日号）に「天皇訪欧の理由」として、天皇訪欧のその目的はイギリスやオランダのように、いまだ第二次大戦の苦い思い出をもつ国が多いヨーロッパで日本を受け容れてもらうことにあるのだ——という記事が注目される程度である。ともあれ、訪欧と日本の経済進出は切り離して考えられてはいないことだけは共通している。もっとも、九月中の大衆紙の中には、「紀元二六三一年の菊の王座」（紀元二六〇〇年＝昭和一五年から計算したものらしい）という長い伝統と永続に興味を示したものがあったが、もちろん、これは論外であり、訪欧に反対しないのは女王のためという考えがイギリス一般の共通認識であったらしい。

だが、天皇の戦前・戦後を通じての君臨そのものがヨーロッパ人には不審なのであるが、天皇の戦争責任論議についても、この年刊行された後述のアメリカ人の書物が引きがねとなったのである。ともあれ、最終的には、天皇をいただく日本、東洋の日本そのものが理解しにくい国であり、むしろ、その文化をふくめての評論のほうに、私はむしろ傾聴すべきものをみた。その一つとして、九月二六日の保守系紙デイリー・テレグラフに載った「仮面の下の日本」（Japan behind the Mask）という作家フランク・トウヒイ（Frank Touhy）の記事を紹介しよう。この記事は、天皇ロンドン訪問前夜の一九七一年の日本に焦点を当て、すべてのイギリスの新聞は、日本の経済進出にばかり、気をとられているのに対し、その経済発展が、どのような矛盾をはらみつつ進められているかを、感覚的に捉えている。東京の雑踏の写真を左に、三島の自衛隊突入のときの写真と川端康成の写真が「日本的倫理の二つの面」として右に掲げられている。その大意を訳出すれば

日本には「天災は忘れたころにやってくる」ということわざがある。ニクソン大統領があびせた二つの「ショック」――北京訪問の約束と輸入課徴金――とは、実際は天災ではない。しかし、まったく予測されていなかったという意味で、地震計で例えれば高い震度を記録すべきものである。日本の生活はいつも、あなたまかせである。むかしは四つのおそろしいものとして地震、雷、火事、親父があった。今日では、おそろしいものは、外部からやってくる新しい他のものに代わった。日本人は今世紀の終る直前に起こるといわれている東京大地震のことは忘れるであろう（人口と建物は一九二三年時より、はるかに膨張している）。だが、かれらの生活の安定が、地球の反対側の決定に依存していることを忘れはしないであろう。日本人は忘れようとしても忘れられるわけがない。いまや、

外国を訪問し、外国の本当の姿を見ているからである。あたかも、今年は海外旅行ブームとなった年である。日本は変りつつあるが、また同時に、変らない。ニクソンのような外国人は、総理大臣サトウが「東洋の倫理に反した行為」（ドル防衛策）と呼んだ誤りを犯した。これらのことはまもなく忘れられるであろう。しかし、この年、何か新しいものが日本人の心の奥で起りつつある。

約一、五〇〇年間君臨した日本の（在位中の）天皇が、初めて外部の世界へ向けて、その神聖な島を離れる。このことについて、国民はどう考えているであろうか。「かつて行った国へ行くだけ」といわれているが、あからさまな質問にはあいまいな答か、あるいは、何の答も返ってこない。そもそも、日本の皇室は、宮内庁の手で動かされるあやつり人形のようなもので、王政復古を成功させた明治天皇も例外ではなかった。神格化された王は、人間のもつ特性を必要とはしなかったのである。

もちろん、一九四五年以来、すべては変った。天皇は神聖ではあるが、もはや、神ではなくなった。天皇について、日本の若者はまったく無関心で、教師も皇室について何も教えないし、王位を否定的にしか扱わないといわれる。教員組合は、アメリカ占領時から今日まで、マルキストから成っている。

作家の故三島由紀夫は天皇崇拝こそ、近代生活の無意味さの解消であり、今日の日本人の多くを支配している「マイ・ホーム」「マイ・カー」文化の解毒剤であると信じようとした。しかし、かれの「楯の会」とその宣言は早くも忘れられてしまった。しかしながら、儀式にのっとった三島の自殺は、かれの〝純粋さ〟――かれの心の清純さと単純さ――を表わすのに充分であった。多くの人々にとって三島の死は〝美しかった〟。日本では、こうして、倫理学はかんたんに美学に転じてしまうのである。

数年前、ハーマン・カーンは、二一世紀が日本の世紀となったとしても驚くに価しないといった。かれの言明には警告もふくまれていたにもかかわらず、日本人は自分自身に関する部分についてだけ関心をもった、とカーンはのちに指摘している。

はじめ、明治維新のとき聞かれた「東洋の倫理、西洋の科学」というスローガンは、近代日本においてもひきつづき適用された。その結果、捕虜として生きのころうとするのは恥であり耐えられるものではないという審美的な信念のために、われわれイギリス人は殺されたといえるのである。

しかしながら、人類学的に考察すれば、日本人は正しい軌道に乗っている民族であろう。「世界は一つ」とか「人間、みな家族」とかいう考えは明らかに古くなった。よそ者を排除したり、馬鹿のように思わせる精巧な行儀、作法の規約をもつ国ほど、風紀の保持にやっきとなるものである。ところが、日本人はごく最近まで、世界の残余の部分をゆるがせている民族間問題などには関心を示さなかった。

偉大な国は何らか輸出しうる概念をもっているものである。フランスとイタリアからは芸術と西洋文明の作法が、イギリスからは法の支配（rule of law）がもたらされた。アメリカは個人の自由という考えに貢献した。共産主義のロシア語訳と中国語訳は、他の国の貧しい人々の間に何らかの反応をひき起こした。

ところが日本は、「もしも成功したければ日本人になれ——でも、それは不可能だろう」というメッセージを発しただけである。

話をかえて、今度は、日本人の生活をみつめよう。

古都鎌倉。大仏・禅寺・神社はさて置き、そこには竹の垣根や石垣に隠された美しい家々がある。会社の社長や高位の人物が、茶器や庭石のコレクションに囲まれて、めだたない生活をしている。日本の美学にあっては、小さいほど大きいのだが、それはまた、きわめて高価なのである。鎌倉の街路で、ノーベル文学賞作家川端康成の歩いているのをみかけるであろうが、かれは下駄をはき夏の着物をまとった小さな老人である。かれの小説は広く知られているが、茶の湯のように神秘的な伝統を扱ったものである。かれをスタインベックやフォークナーの後継者とは到底、みなすことはできない。

鎌倉に住むことは、日本の選り抜きの一面しかみないことになりかねない。というのは、ここではカメラ・アイは、そのファインダーからあらゆる不愉快なもの――頭上の電線・広告・洗濯物が飾られた団地――を除外するからである。

日本人は美しさによく気がつくといわれてきたが、みにくさに気がつくのは充分ではないようだ。みにくさは、この鎌倉にも次第に広がりつつある。土地投機を止めさせようという努力はあり、一、二度は成功した。しかし、依然として宅地造成は進行している。

鎌倉の多くの市民は、つつましくも朝には東京行の電車に押し込まれて出勤し、夕にはその電車が「光化学スモッグ」でやかれて目を泣きはらし、また、立ったままねむった人々を連れて帰る。そして、休日ともなると、鎌倉の街は日焼けしたインディアンのような若者で満たされる。少年も少女も長髪で、イタリア風・アメリカ風で、色彩だけは日本風のスタイルでかっ歩する。ただ、かれらは皆、かれらの両親より見ばえがする。すなわち、不健康な皮ふ、わん曲した足、出っ歯は過去のものとなった。そして、週末ともなると、鎌倉のどの道も車で一杯となるのである。

「西洋人は自然の世界と戦うのに対して、東洋人はそれとの調和をはかる」というきまり文句があるが、私にいわせれば、〈自然〉と〈日本人〉は、ただ一点、たがいにひどく痛めつけることにおいてのみ、一致をみせている。数日前の夜にも、ふつうの暴風雨で二〇人の死者をだし、最近の二つの台風では五〇人ずつ殺されているいっぽうで、水銀やカドミュム汚染、鉄道の将来、航空機事故などに人々はおおわらわといったところである。

そこには人倫の問題は別としても、生活向上への挑戦、あるいは、そのたんなる持続あるのみである。われわれがドライブして通った、すべての住宅地域で、企業によってひき起こされた一種の卒中現象がみられた。他の世界から日本は輸出国家とみなされている。いまや、G．N．P．のほとんど一〇％は輸出に向けられる。残りの九〇％は日本各都市のせまくるしい家屋と狭い道路に注ぎ込まれている。天皇同様、日本の象徴、富士山のふもとには、ディズニーばりの〝ドリーム・ランド〟その他の風俗営業建築物がひしめき合い、アメリカ風らしいが、これらは、アメリカでも見られない俗悪きわまりない風景である。そして、全く奇妙なことには、その中に、稲束と、かやぶき屋根が散在している。農地はまだ、価値をもっている。米は大量に余っているにもかかわらず、農民たちは支配政党によって補助金を受けとっているからである。本州をドライブすると、そこにはまだ、美しく、かつ、いきづいている場所がある。山は水力発電計画を除いて、険しすぎて開拓できないし、農村はきびしい冬のために過疎が進行している。然しながら、平地の村はいたるところ、ぎっしりつまった道路と、産業のあさましさが支配している状況である。

日本人はかれらの環境を改善できるであろうか。外国人が激賞したかの一九六四年オリンピックと七〇年万博を成功させた組織力と集中力をもってすれば、事態はもっとよくなるはずである。しかし、日本人はおとなしく悲観的にみえる。

自民党と財界は生産に次ぐ生産を続けさせた。「ドル・ショック」は、かれらの財政的地位が、全経済に脅威を与える公害の克服のためには特別な支出が必要であるのに、いかにあなたまかせであったかを、かれらに教えることとなった。ちょっと前までは、他の工業国家に抜きんでた「田園社会」を創りあげることで、日本が世界において正当な地位（この概念は日本において依然、重要性をもっている）を占めることが可能であるとみられていた。将来の輸出および発展のため、一九六九年広範な国家案が作成された。しかし、かかるプランは、日本の海外市場が保障され、防衛費がこれ以上増加しない状況が持続する場合にのみ、可能であった。

「ドル・ショック」とニクソン訪中は、いつまでも日本が審美家ぶった役割を続けるわけにはいかなくさせるであろう。

この評論の筆者トウヒイは、数年前日本を訪問している。その目でみて、日本の車の氾濫や、国土の破壊のスピードは激しい、といっている。イギリスでは経済の停滞もあるが、全土が均質な外面を保持している状況からみると、日本経済発展の栄光と悲惨が強く印象づけられる点であることはよくわかる。また、「東洋の倫理、西洋の科学」その日本的スローガンである「和魂洋才」が、倫理学よりも美学のほうに、かんたんに転化するという指摘も鋭い。日本的倫理の代表として三島由紀夫をとらえ、川端康成を日本的倫理の他の面としてとらえている。にもかかわらず、のちにわれわれは今年（一九七二年）、川端の自殺によって、この二人は同じように日本的倫理を美学に転化させた象徴的人物として受け取らざるを得なくなる。また、トウヒイが強調しているのは、日本人が「あなたまかせ」(precarious) である点であろう。確固とした「輸出しうる概念」(exportable concept) がないから、日本は天災とか、他国の決定（この場合はアメリカ）で右往左往せざるを得ないのである。同時に「忘れっぽい」国民であることが、随所に指摘される。天皇訪欧こそ、日本人の忘れっぽさを象徴的に表わしているとはいえよう。

しかし、イギリス人は決して忘れっぽくはない。天皇帰国後、わずか一カ月で、デイリー・テレグラフは一一月一九日、同二六日の二回、新聞付録の雑誌で天皇の戦争責任を取り上げているからである。より正確にはデイビット・ベルガミニ（Dabid Bergamini）著『日本の天皇の陰謀』（*Japan's Imperial Conspiracy*）を抜すい、紹介したのである。アメリカのジャーナリスト、ベルガミニの同書はアメリカで出版され、イギリス版は、一一月二九日に出ることになっていた。[21] デイリー・テレグラフは紹介に当って、次のように付記している。「この前の戦争における天皇ヒロヒトの役割をめぐるいまだ残るミステリーが、先日の天皇訪欧に対して示された冷淡さと不信の態度となってあらわれた。いったい、かれは、あの戦争の中心的指導者なのか、それとも、軍部にそそのかされた、罪のない、どうすることもできなかったたんなる一証人にすぎなかったのか」と設問し、ヒロヒトは戦争プランを知っていただけでなく、立案に重要な役割を果たした、というベルガミニのこの本を紹介している。

まず、「菊の王座の癌」という題の一一月一九日号では一九二一年、ヒロヒトが最初の外遊から帰った時点から二・二六事件、南京大虐殺（原文は凌辱）、真珠湾攻撃までを扱う。二・二六事件以降、天皇は軍部を完全に掌中に収め、南京では三〇万人の捕虜のうち一万人を殺害、さらに無秩序の軍隊は婦女子をふくむ二〇万人を殺りく、凌辱した。その有力な指揮官に皇后の大叔父、閑院宮がいたが、天皇はこのことについて何ら反省の意思表示をしていない。さらに、日独伊三国同盟にもとづく南方侵攻プランに天皇も加担、真珠湾奇襲を成功させるため、天皇・軍部から成る秘密会議が結成された。開戦決定の重臣会議の結論に天皇は何のためらいの姿も示さず、かえってその気概に周囲は打たれたという証言もある。さらに、一一月二六日の「ゴッド・キングのたそがれ」の表題のもとに、ビルマの死の行進、鉄道建設が述べられる。ナチ・キャンプの捕虜の死亡率四％に対し、日本のキャンプでは二八・六五％、戦後ただ打棄てられたままの二五〇マイルのビルマ鉄道のため三三万人余が動員され、うち、二七万人が原住民で、六万一、〇〇〇人の捕虜のうち一万二、五六八人が死亡した。結局、動員された住民と捕虜は鉄道一三フィート完成ごとに一人の死亡者を出したことになる。さらに戦局の最終段階でとられた神風作戦は、ヒロヒトの弟、高松宮が提案したものであり、ヒロヒトは九人の神風特攻隊の命と引換えに一〇〇人以上の米兵と、三隻の船大破、一隻撃沈――という数字にしか関心をもっていなかった。敗戦の決定もかれの絶対主義的ゴッド・キングぶりを示し、マッカーサーもそれを利用した。ヒロヒトは戦後の国内巡幸で人気を回復し、株その他の投資でもうけているにもかかわらず、日本国民は、一部を除いて、戦時中の責任を追及することもない。

ベルガミニの論旨は、一国の元首たる者が、戦争プランの作成に関係していないはずがないという常識が、日本の場合、特に隠蔽されている点を突いたものであろう。しかし、側近の日記類からでは、決定的な資料は得られないであろう。オックスフォード大学の日本研究室でも評価してはいなかったし、デイリー・テレグラフも、日本研究者はベルガミニを「偏執狂」として斥けているといっている。しかし、天皇帰国直後に、目隠しされた外人兵捕虜を日本刀で切り殺そうとしている写真その他を載せて、天皇特集を組んだということが、決定的な意味をもっているといえよう。

日本から見たイギリス　一九七一年一二月一二日、快晴の羽田空港に着いたが、羽田から横浜へ行く途中、川崎付近のスモッグは空を立方体に包み込み、思わず運転手さんに「毎日こうなのか」と聞いたほどである――何年かぶりに帰国したかのように。イギリスでは一九五二年、スモッグで四、〇〇〇人も死んでいたが、五六年の The Clean Air Act により、下宿のおばさんが、むかし「黄色いスープ」と呼んでいたという霧が真白になるのを目撃した。家庭での石炭使用を禁じた結果である。実際、ロンドンの空は横浜よりはるかに澄んでいることを想いだした。

フル・スピードでとばすタクシー、その重心の低い車の中は、ラジオ・ステレオ・ヒーターなどコンパクトに付いていて、しかも、狭い。そして、わが家に帰ってきたとき、洗面所、居間、その他の、あまりに小づくりで狭く、身の置きどころがないほどなのに、コンパクトに一応、何でも揃っているのには感心もしたし、馬鹿らしくもあった。

「衣食足って礼節を知る」という日本の教えには「住」は抜けていたが、本当は、「住」が一番大切だったのではないか――礼節にとって。

散歩に出た。しかし、道路には歩道がない。白線がひいてあるだけである。ヨーロッパでは、イギリスだけが右側通行の日本と同じなので、なおさら、ロンドンの広い歩道がなつかしい。下宿のあったところでは、歩道が車道と同じ幅であった。「赤線」ならぬ「白線」文化という言葉がふさわしく、なければ拡めたい。子供の落書きじゃあるまいし、なぜペンキで白い線を道にひくと、それが歩道に化けるのか。ダンプカーなどを規制しているヨーロッパと違い、歩道なしに車と対面するおそろしさ。

「ここにゴミを棄てないように」という貼紙のあるところには、必ず、ゴミ箱はない。ロンドンのガマ口の化け物のようなゴミ箱はない。四つ角は、横から割り込む自動車を避けつつ逃げ込む横断歩道の交叉点にすぎず、サーカス（Circus）と呼ばれる市民の憩う円形の休憩所はない。もちろん、公衆便所など設けるほど安全な場所ではない。ヨーロッパ大陸でも四つ角は中世以来つねに広場で、若者の集いの場であった。日本は新宿の広場は立止まることも許されない歩道とされてしまったのだ。

車道（歩道も入る）を無事、通過して駅につき、切符を買おうとした。すると、横から手が出て切符がその男に渡っている。外で、どのような順番で列んでいようが、金を先に出したほうが勝ちである。出札掛も売ってくれる。思い出すのだがイギリスでは、駅はもちろんのこと、銀行でも郵便局でも順番は絶対である。魚屋の店の中でも行列ができているぐらいである。つまり、窓口が空いていれば、次の人が利用できるとは限らない。たとえば、私が銀行でトラベラーズ・チェックにサインをするため、窓口を離れる。しかし、私のうしろに列んだ人は、だからといって、私の権利を侵して、前に進むことはない。私が終るまで待っているし、第一、窓口の掛りが私の次の人を同時に受付けることは絶対にないからだ。

さて、電車がきた。乗ろう。だが、降りる人が降り切る前に入口に殺倒しなければ乗れないかのようにベルがけたたましく鳴りわたる。ヨーロッパのあらゆる交通機関が音もなく、走り、止まるのとわけが違う。駅でみていると、日本の交通機関は毎日、開通式をやっているようなもので、その喧騒ぶりは日本人の音痴の原因の一つであろう。そして、この渦まく人間が、皆、日本人だけであるのは、みものだし、ショックでさえある。異国人はみわたす限りいないのだ。そして、その黒い髪と小柄な体からふきだすエネルギーは、恐ろしいほどである。私は今こそ、弱肉強食の世界に戻ったのである。

暮がきた。本箱がほしい。そこで日本橋のTaという有名百貨店でバーゲンの本箱を注文した。ところが、送られた本箱はガラスの引き戸二枚のうち、一枚がはまっていない。早速、電話した。すると、バーゲンだから、当然だという返事が返ってきた。一枚ガラスがはまっていなくとも本棚として使えるはずだし、陳列場でも、一枚しかはめていなかったはずで、それを承知で買ったはずだという。とびらのない下駄箱と同じことであるという当方の抗議には、では、四〇〇円負けるという。そこで、私は次の話をその洋家具最高責任者にしてやった。帰国直前、近所の子供にマフラー（イギリスではスカーフ）を贈ろうと思って、ピカデリー街の店のショー・ウインドにある黄色いマフラーをくれといった。ところが、店員は、子供は（黄色いマフラーは）汚しやすいからやめなさいといって売ってくれないのである。何も特別なことをいっているわけではないが、イギリスの商人――かの重商主義を支えた気位の高さ――にくらべて、日本の商人――びょうぶと商いは曲げなければ立たない――との違いをみた思いであった。日本人は、いつから、このようになったのか。世界で何をやっているのか。商業モラルは守られているのだろうか。

一九七二年正月、年頭につきものの「日本人論」が新聞に特集されている。世界の目を気にするわりには、百鬼夜

リスボンは坂の街　ここからアジアへ向け出航したポルトガル人によって開かれたヨーロッパへの目を、日本は鎖国でおしつぶした

行状態の日本。そして、イギリスでは冬中、炭鉱ストで一日九時間以上にもわたる停電が行われていた。ところが、朝日新聞に、その間、ロンドンではローソクの値段は上らなかったという記事を読んで、目を疑った。さすがはイギリス。早速、私は下宿のおばさんに、確認のため、手紙を出した。もしそれが事実なら、イギリス商人は世界一の正直者だと。しかし、おばさんからの返事は、あなたは読み違えをしたのではないか。ストライキでローソクの値段はどんどん上って七倍にもなった。しかし、私はこの前のストのとき買溜めしておいたので助かったけれども……というものであった。日本はイギリスを手本としてきたが、需要供給の経済法則がイギリスで適用されないわけはないので、『朝日』の特派員も罪なことを書いたものだ。

ついでに、外人は座席には幼児を座らせないで立たせるという〝神話〟について。ロンドン・バスの注意書を読むと、三歳未満の子供は大人または子供（三歳以上一四歳以下、半額）に付添われた場合は無料、ただし、座席を占めないこと（does not occupy a seat）と書いてあることで説明がつく。また、いつでも（at all times）バスは座席が一杯の場合、五人まで立ってのることができる。ワンマン・バスは三人まで立つことが許され、二階だてバスの二階は立つことが許されない。要は、それを実行するかどうかであり、モラルよりもむしろ、規則を重んずるかどうかにかかっている。イギリスで目立つのは〈Private〉と〈Public〉の立札であろう。つまり、個人の権利と公共物を厳然とわけている。とはいえ、個人が尊重されると同時に、公共も尊重されなければならない。したがって、ゴミ箱に不当な物を棄てると一〇ポンドの罰金（当時九、〇〇〇円）、汚すと五ポンドの罰金と書いてある以上、個人の権利を公共の権利を侵してまで行使できない。国鉄の予約席に勝手に座ったら一〇ポンド、地下鉄で緊急のひもを不当にひくと二五ポンドの罰金等々。また、ハイド・パーク（Hyde Park）にある演説場（Speaker's Corner）も、誰でもきて演説していいのであるが――、一応演説したい者はここでやれというわけで、民主主義の見本として日本では教科書にものっているが、その意味はむしろなく、そういう規則になっているにすぎないという気がしてくる。日本では規則は破られるし、それをとがめもしないが、イギリスではそれを民衆の合意にもとづき、実行するにすぎない。これこそ、「法の支配」を輸出しうる概念としているイギリスらしい点である。ヨーロッパ大陸と比較しても、市民社会を早期的に成立させたイギリスは、大陸の先進国のもっている欠陥をすべて研究した上に、近代社会を花咲かせることができた。しかし、それは、海外植民地の保持、国内他地域の収奪が条件になっていたため、国力が低下するとともに、多数の矛盾を顕現させることになった。にもかかわらず、依然として、市民社会を知らない日本は、イギリスに学ぶべきところを残している。

さて、ロンドンでは、秋に、サツマ（Satsuma）という種なしミカンが売りだされる。これは、スペイン産であるが、日本の薩摩から苗木を移植したものであろう。和辻哲郎『鎖国』をみるまでもなく、スペインやポルトガルによって、ヨーロッパへの目を開かれた日本は、鎖国によって、みずからそれをおしつぶしてしまった。そして、明治維新から一〇〇年、ふたたび急速な欧化をやりなおすため、無理に無理を重ねた。そのひずみは今日まで残された。われわれは、鎖国あたりから、ゆっくりと見直すべきではなかろうか。

注

（1）*The Financial Times*, Aug. 28, 1971. および The Times, Aug. 28, 1971.

（2）日本は一九七五年までに、今日イギリスがヨーロッパ大陸で販売していると同じ数の車を大陸で販売するようになる。かように日本自動車の進出が著しいのは日本の悪路に耐えるように作られているためで、デザインの独創性のためではないとしている（*The Times*, Nov. 29, 1971.）。

また、日英の自動車の販売合戦については、ダットサンのディーラーについての記事（*The Times*, Nov. 1）、およびその不満についての記事（同、Nov. 12）、それに対するダットサン側の反論をふくめた全面広告（The Daily Telegraph, Nov. 26）など、激烈となっている。

（3）維新政府が日本資本主義化の目標をイギリスにおいていた点については、拙稿「明治官僚の勧業理念と批判者の理念——大久保・大隈と福沢・田口」、『経済系』第八六集、一九七一年二月、参照。

（4）イギリス植民地の独立は、年代順に記すと次のようになる（Commonwealth Institute, *What is the Commonwealth?*, 1970より作成）。

Britain Canada（1867）、Austraria（1901）、New Zealand（1907）、India（1947）、Pakistan（1947）、Ceylon（1948）、Ghana（1957）、Cyprus（1960）、Nigeria（1960）、Tanganyika（1961）、Sierra Leone（1961）、Uganda（1962）、Jamaica（1962）、Trinidad & Tobago（1962）、Western Samoa（1962）、Kenya（1963）、Malaysia（1963）、Zanzitar（1963）、Malta（1964）、Malawi（1964）、Zambia（1964）、Gambia（1965）、Singapore（1965）、Lesotho（1966）、Botswana（1966）、Guyana（1966）、Barbados（1966）、Mauritius（1968）、Swaziland（1968）、Fiji（1970）、Tonga（1970）

（5）*The Times*, Nov. 23, 1973.

（6）ビクトリア時代のロンドンについては、シリーズもので、Graham Norton, *Victorian London*. Macdonald, London, 1967. が便利。

（7）J・D・チェンバース『世界の工場』、岩波書店も参照。

（8）バイキングの遺品については、コペンハーゲンおよびストックホルムの歴史博物館が充実している。
（9）この事情はギリシヤ人でアクロポリス博物館の M. Brouscari. *Acropolis*, Athens, 1971. が便利。
（10）シティについては加瀬正一『シティとイギリス』、至誠堂、一九六九年を参照。イギリス人が心の理想としたのはギリシヤであり、ギリシヤの古典的スタイルを英国建築の主流としたことが述べられている（七五〜七八頁）。
（11）The Evening News, Nov. 22, 1971. 所載の広告文による。なお、G・リーズ『マークス&スペンサー成長の記録』、ビジネス社も参照。
（12）前掲、*What is the Commonwealth?* による。
（13）コペンハーゲンの The Museum of the Danish Resistance Movement 1940-1945 の展示が、ナチに対するレジスタンスを示している。
（14）Liam de Paor, *Divided Ulster*, Pelican Books, London, 1971, p.147. 以下、本書に負うところが多い。
（15）今井登志喜『英国社会史』（上・下）参照。
（16）G. B. Sansom, *The Western World and Japan*, New York, 1950. なお、アメリカの日本近代化の研究については、拙稿、書評T・C・スミス著『明治維新と工業発展』、『経済系』九二集、一九七二年七月、参照。
（17）G. C. Allen. *A Short Economic History of Modern Japan*, London, 1946. ほか。
（18）R. P. Dore. *Land Reform in Japan*, London, 1959. ほか。
（19）日本側の協力者、間宏『イギリスの社会と労使関係』日本労働協会、一九七四年、参照。
（20）『朝日新聞』一九七一年一〇月一四日号。
（21）D. Bergamini, *Japan's Imperial Conspiracy*, Heinemann, London, 1971.

第三章　イギリスでの日本研究大会

はじめに

一九八八（昭和六三）年、奇しくも、一九七一年と同じ八月一日、日本を出発した筆者は、約二カ月の滞在を終えて帰国した。この一七年間に、わが国の経済成長はめざましいものがあり、円も前回は、一ポンド九〇〇円が、二三〇円と約四倍に高くなった。この間におけるアメリカのドル下落は一ドル三六〇円が一三〇円にまで低落、日本の対米・対欧貿易摩擦は激しさを増していた。

本稿の目的は、日本の急速な経済成長によって、イギリス、ヨーロッパの日本研究にも何らかの変化がみられたはずであり、一九七九年五月のサッチャー政権の登場によって、イギリスがこの一七年間でみせた変化を日本からの目でみることにある。

幸いにして、一九八八年九月一九―二二日に、ヨーロッパ日本研究協会（European Association for Japanese Studies）一五周年記念大会がダラム（Durham）大学で開催され、最初の日本研究センターが設けられたシェフィールド大学のコリック（R. L. V. Collick）所長や、オックスフォード大学のパウエル（B. Powell）教授に、一七年ぶり

ロンドンハムステッドで売りに出されているヒース公園前の豪邸モントローズハウス

にお会いすることができた。また、クリスマスカードを一七年間交換していた下宿のブレットおばさん（Miss Kathleen Brett）にも、Brightonで会うことができたのである。

さて、一九八八年は、イギリスの歴史にとって特別な意味がある。すなわち、スペインの無敵艦隊（Invincible Armada）をイギリス海軍が破った年が一五八八年で、四〇〇周年展示が海洋博物館で行われていた。これによって、制海権を握ったイギリスは、ようやく、ヨーロッパに対抗できる位置を占めるようになった。以後、議会制度の確立、産業革命、ビクトリア時代を経て、「世界の工場」といわれる。その栄光も、ふたつの大戦で急速に低下、『イギリス衰退一〇〇年史』（A. Gamble：Britain in Decline, 1981、みすず書房、一九八七年）という本も出されるにいたる。

しかし、前回の一九七一年に比して、今回のイギリス、特にロンドンはそれなりに活気があった。高利子のため、シティーに日本のマネーを始めとする海外の投資がめざましいことも一因であろう。何が変り、何が変らないかについても、とりあげておこう。以下、イギリスとヨーロッパの日本研究、日本の企業進出、イギリスからみた日本について書いてみよう。

一　イギリスの日本研究

一九八八年九月一九―二二日にダラムで開かれたヨーロッパ日本研究協会大会は、三年ごとに開かれているので、五回目の大会である。それを記念したパンフレットが、きわめてコンパクトにまとまっている。したがって、その中から、まず、ロンドン大学経済学部（London School of Economics、以下、LSE）イアン・ニシュ教授（Ian H. Nish）の「イギリスの日本研究紹介」（Introducing Japanese Studies in Britain）の大意を掲げよう。

ニシュ教授は日英同盟の研究者であり、次のように述べている。

日英同盟の締結が本ぎまりとなった一九〇二（明治三五）年（締結されたのは同年一月三〇日）、日本政府は――非常に穏やかな表現ながら――英国民は、日本について全く無知であることを確信して、日本や日本の制度について、基本的紹介の出版を急ぐことを決断した。かくて、数年のうちに出版助成による、次のように多くの本が、日の目をみた。

アルフレッド・ステッド（Alfred Stead）が編集した『日本人による日本』（Japan by the Japanese、ロンドン、一九〇五年）、同著『偉大な日本』（Great Japan、一九〇六年）、また、大隈重信編『新しい日本の五〇年』（Fifty Years of New Japan、ロンドン、一九一〇年）なども ある。

これらの基礎的な仕事によって、イギリスの学者たちも、ようやく、明治維新後の日本は〝西欧への対応〟において中国とは違うのだという認識をもったが、日本は地域としては〝極東〟で、同じものと考える傾向があった。一八九〇年代の有力な政治家カーゾン（G. N. Curzon）は一八九四年、〝Problems of the Far East〟でみずからの考えを述べているがこの〝極東問題〟という類いの本は（日英同盟以前に）多数出版されている。当時のイギリスは、極東でもっとも重要な役割は、中国が担っているという考えで共通していたように思われる。しかし、日英同盟以降、あまり学問的なものは多くないとはいえ、日本を極東の一部としてではなく、それなりの国民性をもった国として研究する必要を、イギリスの国民も認識し始めたと思われる。

次第に日本に対する関心が深まったが、日本語が学ぶに値するという気運は、すぐには起こってこなかった。多くの日本人は当時、日本語を単純化したり、漢字の無駄をはぶいて〝国際化〟することに今世紀初めの一〇年は努力している最中であった。イギリス人では銀行家シャンド（W. Shand）が滞日二七年間の経験から、一九〇三年に、ロンドン大学東洋アフリカ研究部（SOAS, the School of Oriental and African Studies）に日本語の語学コースを設けたが、四年で終わり、むしろ、例外的であった。日本研究のより一般的コースが求められた。グビンズ（John Harington Gubbins）という東京の大使館で優れた日本語のセクレタリー経験のある、一九〇九年九月に隠退した人物がオックスフォード大学の求めで日本歴史の講義をもち、それは一九一一年『日本の発展』（The Progress of Japan, 1853-71）として、最終的に刊行された。かれは、のちに一九一二年から非常勤講師として、オックスフォードで日本語の講義をもつが、三年で終わっている。横浜で領事をしていたロングフォード（Joseph Longford）が隠退後、キングスカレッジで日本歴史を一九〇三－一六年まで教え、ロンドン大学に日本語の名誉教授を設ける端緒となった。

ニシュ教授の調査によれば、LSEは、一八九五年に創設されたにもかかわらず、すでに多数の日本人学生がいたし、目的は達しなかったが講師招待の試みがなされている。一九〇四年、かのラフカディオ＝ハーン（Lafcadio Hearn）に、日本文化を教えさせようと招待したことが、その最初であったが、かれの死で中止となった。次に一九一〇年、LSEの博士課程を終え、論文も出版した植原悦二郎に日本政治を教えさせようとした。のち高名な政治家となる植原（吉田内閣の内相）を明治政治史の専門家として講義させようという試みであったが、これも実らなかった。当時のイギリスの大学で日本を扱うことは特殊であったし、ウェッブ夫妻（Sidney and Beatrice Webb、ロンドン大学創立者）でさえ、アカデミックな世界旅行の中に日本を加えたのは、一九一一年になって初めてであった。かれら滞在経験の隠退者による日本についての講義は永続性がなかったが、日本についての出版物が一般化したことは大きい。日露戦争を経て日本の急速な発展と一九一〇年の日英大博覧会以後、この種出版がブームを迎えたのが、それである。前述のロングフォードやグビンズの新著に新しく、ジャーナリストのポーター（R. P. Porter）の三著が加わった。『日本のすべて』（the Full Recognition of Japan, 1911）、『日本、新世界強国』（Japan, the New World Power, 1915）、『日本、近代強国の誕生』（Japan, the Rise of Modern Power, 1918）がそれである。これら初期の紹介書は、明治維新以後、特にイギリスの同盟国となった日本の急速な発展と西欧化を、明治を中心に叙述している。もちろん、それは（第一次大戦の終了した）一九一四年以前から進んでいたヨーロッパでのイギリスの相対的地位低落の反映でもあり、イギリスの健全な（healthy）、積極的な日本への興味のありようには、共通性があった。しかし、本は出たが、日本語教育のほうはとり残された。

一九一七年に、ロンドン大学ＳＯＡＳ内に、日本語のコースが再スタートしたことから、次の段階を迎える。第一次大戦終了後から一九二三年まで、平均年二五名の学生が出現することとなり、一九四一年までに平均年一一名が学んだが、きわめて少数が卒業資格を獲得しただけだった。一九三一年満州事変の勃発は、ヨーロッパの日本学（Japanology）に試練をもたらした。すなわち、国際連盟は、議論をリードできる日本歴史のスペシャリストを急に必要とする調査団を派遣しなければならないのに、一人を除き国際連盟加盟国には、人材がおらず、アメリカ合衆国にそのスタッフを求めるほかなかった。ブレイクスリー（George Blakeslee）とヤング（Walter Young）の二教授が呼ばれた。二人の極東国際関係、国際法は、ヨーロッパの各大学では適応できなかった専門分野であった。

この一九三〇年代は、経済史に研究成果が得られた。一九二〇年に富裕な三井からの援助でバーミンガム大学の経済史教授アシュレー（W. J. Ashley）が想起される。これは、同校卒業生アレン（G. C. Allen）に引継がれたが、アレンは名古屋高商（現、名古屋大学）へ一九二二年に行き、経済学を教え、一九二五年まで滞在した。アレンはイギリス各地に教鞭をとったが、日本について教えた成果の最初の本、『日本、飢えた客』（Japan, the Hungry Guest, 1938）、それから『日本経済小史』（A Short Economic History of Japan, 1946）などを著した。名古屋におけるアレンの後継者ペンローズ（E. F. Penrose）との共著が『日本の工業化と満州国』（the Industrialization of Japan and Manchukuo, 1930-40, 1940）である。一九三〇年代、一橋と東京帝大で教えたLSE出身のスミス（Neil Skene Smith）は日本で経済研究会を作り、「現在の日本の経済の弱点」を検証し、イギリス各大学と共同で、その出版を試みた。スミスの徳川社会経済史や共同研究者シンガー（Kurt Singer）との研究は、イギリス人の日本理解の幅を大いに拡げることとなった。

満州事変のときに起こった同じ問題は一〇年後もイギリスの大学が日本についての専門家を欠いていたため、戦争勃発によって日本語教育を強制しなければならなくなる困難を惹起した。この点については、新刊、大庭定男『戦中ロンドン日本語学校』（中公新書、一九八八年）がくわしい（なお、ニシュ教授も、後出のボウナス、ドーアとともに同校出身者）。今次大戦の最終段階で戦後の日本研究、つまり、アジア研究の準備がスカボラー卿（Lord Scarbrough）の下での政府委員会で研究され、一九四七年最終報告をまとめた。これは、戦後イギリスの特別長期計画の一例であったが、その世界を視野においた役割については、まだ理解されていなかった。同委員会は当時の労働党内閣がとった植民地放棄政策に沿って、日本の場合、日本語と日本歴史の二つを教えて、体系的に発展させることを進言、このスカボラーの提言は、政府の採り入れるところとなった。しかし、一九五〇年代の財政危機は、予期した拡張計画のあるものを放棄させた――スカボラー・リポートは戦前よりはるかに高いレベルで、新しい出発のための基礎を作ったのではあったのだが。

大学補助委員会（the University Grants Committee、以下、ＵＧＣ）が一九五九年にヘイター（Sir William Hayter）のもとで、スカボラー考察以降のプロセスを見直すために、小委員会を設置した。一九六一年の見解で、日本研究を発展させるのはかならずしも語学の学科（department）にあるとは考える必要はない、新しい発展は歴史、地理、法律、経済その他社会科学の学科や学部（faculty）にある、とした。この見解は、なかんずく、シェフィールド大学（the University of Sheffield）内に新しい日本研究センター（Centre of Japanese Studies）を設立するきっかけとなり、同時に、およそ日本語教育に責任のある他の機関における方向の見直しや展開に、一定の影響を与えた。ヘイター報告は二五年間の位置づけにも言及している。

一九七四年、イギリス日本研究協会（the British Association for Japanese Studies）が設立された直後、同協会の手で行われた調査の中で、大学で日本について英語で教えるコースと日本語を媒介として教えるコースの間に、合理的なバランスがとられていた必然性を報告している。すなわち、その報告によれば、日本語での教育コースは自然に、少数者に応ずることになるのに反し、教える手段として英語を用いる日本コースは興味を拡げ、多数の学生をひきつけ、このコース自身は異なる基盤に立ちながらも発展しているという事実である。

一九七〇年後半、大部分の大学の支出は制限され、また、日本研究分野における多くの教育課程の姿は、スタッフの早い隠退等によってねじ曲げられてしまった。いくつかの日本研究機関だけは、日本人の気前良さに大いに支えられた。一九七九年、日産自動車がオックスフォード大学に資金提供を申出て、セント・アントニーズ・カレッジに日産日本研究所(the Nissan Institute of Japanese Studies)を、一九八二年に実現させた。一九八四年、経団連はケンブリッジ大学に近代日本研究のポスト設置の寄付を行った。一九七七年にLSE内に設立されたサントリー―トヨタ経済学と関連学国際センター(Suntory-Toyota International Centre for Economics and Related Disciplines)の受け入れがあり、他の研究所も実質は、日本およびイギリスの財政援助に同じく依存しているのである。

関連団体の数年にわたる動きを経て、一九八三年に、UGCは、新たな答申を行った。それは「東洋とアフリカ言語とそれと結びつく商取引・外交からの要求に応えうる研究の要請」であった。早速、これはパーカー(Sir Peter Parker)によってとりあげられたが、これが一九八六年二月出された「将来への提言:アジア、アフリカ言語と地域研究に対する外交と商取引側の要請の検討」という表題のリポートである。このタイトルにみられるのは、国家のニーズに応えることができれば、相当の政府支出が期待できるということである。日本についてのパーカーの見解だけをここに紹介すれば、次のとおりである。すなわち、日本語と日本の地域研究の専門的知識に対する外交・商取引側のニーズは、戦前から減るどころか、ある場合は増大しつつあることを確言できる。事実上、このパーカー・リポートは、ビジネス研究と語学教育を結びつける観点から、初め、スカボラー委員会が強調した語学教育とヘイター委員会が強調した社会科学の二つを、是認するものといえる。

こうして、結果的に一九八七年、政府は一一の新しいポストを、次の大学に認めたのである。すなわち、ロンドン大学(SOAS)三、シェフィールド大学二、スターリング(Stirling)大学二、ニューカッスル(Newcastle upon Tyne)大学とダラム大学と合わせて二、オックスフォード大学一、ケンブリッジ大学一。

パーカー提言は受け入れられなかったわけではないが、それなりに問題も残した。日本学と日本地域研究のバランスをとることはかならずしも容易ではないことが、そのひとつである。日本地域研究の問題を論ずるにあたってまず、次のパーカー・リポートでいっている一般的結論を引用するのが、適当であろう。

われわれは、イギリスにおいては、たとえばアメリカにおけるように、政府の内部や外部から流れ出る情報が双方を利するという経験がない。しかし、もし外交がその国の政治生活と密接な関係があるとしたら、政府が伝達可能な個々の地域の専門的知識の助けを必要とするであろう。かかる伝達は特定組織を通じて行われる――周知の組織ではチャタムハウス（Chatham House）――または議会や新聞など。しかし、もう大学での専門知識の供給が枯れ果てては、論議の質はまともなものとはならないであろう。論議は個々人の実際的経験に大いに依存しているのだが、その特定地域で過ごし、公的生活を送ったかかる非アカデミックな専門家の供給は、かつての植民地支配者や企業代表者の世代が枯渇してしまっている現在、地域研究が個々のグループに必要な情報を提供するほかないのである。

以上のパーカー・リポートの「地域研究はそれ自身、健全な言語的基盤を要する」という見解は、もちろん正しい。日本風俗（Things Japanese）に造詣が深くなって、日本語に堪能で、専門知識の健全な提供がなされることも重要である。われわれは、前述のグビンズやロングフォードのような学者官僚グループの代表格であるサンソム（Sir George Sansom、戦前イギリス大使館員として三〇年滞日、戦後は極東委員会イギリス代表、アメリカ、コロンビア大学極東研究所に招かれ、アメリカの日本研究に大きな影響を与えた。『西欧世界と日本』The Western World and Japan, 1950がある――小林）の経験を想起しよう。また、アシュトンやサトー（Sir Ernest Satow、明治維新の前後二五年も日本に滞在した外交官、『一外交官の見た明治維新』A Diplomat in Japan, 1921がある――小林）やエリオット（Sir Charles Eliot）らは、より落着いた時期に生きて、公的奉仕における日常のビジネスを除いて、その分野の調査を拡げる準備のため、日本語の修得に努力した。かれらは綿密な語学研究にかれらの広い歴史的、哲学的、文化的著作を結びつけたのである。

重要なことは、この世代は言語学と日本研究の他の面に、あるバランスを保っていたに違いないことである。語学教師と地域研究の専門家間に相互信頼があり、他方、さらに重要なことは、学問的（disciplinary）な観点で日本をみる人びとは、世界中でもっとも難しい言語である日本語の教授を第一の目的とする人びとを、決して軽蔑していないことである。

学問的価値尺度が適用される必要はいうまでもない。チエンバレン（Basil Hall Chamberlain）やアシュトン－グワトキン（Frank Ashton-Gwatkin）のようなイギリスの学者は、日本および日本愛好（Japanophiles）研究者でありながら、日本の社会の多様な面から距離をおく必要を堅持した。チエンバレンは生涯遂に日本に悪意をもって終わった。一方、アシュトン－グワトキンはジョン＝パリス（John Paris）なるかれの分身をして、かれの小説『さよなら』（Sayonara, 1921）の中で、Things Japanese をきびしく批判させている。

イギリスにおいては、大学で日本の課目を教えている教師は、われわれ自身の学生を越えたその地域の〝投票権〟をもった者という印象がある。ジャーナリスト、批評家、大学教師で、特に日本研究専門家でなくとも、日本に一定の興味を抱いている人は増えている。同様、科学や技術の面では日本に興味をもっている学者は、沢山いる。かれらの多くは、その会議に出席し、議論に参加しているのである。ある者は、日本についてかなりの専門的知識と意見をもっている。日本について興味をもっているのは学者エリートだけだと思うのは、あやまりである。逆に、学者が議論したり、理解している問題や成果は、市井の人にとってもまた、必要な知識とみなされるのである。東京で起こった事件をしっかりフォローしない、今日の世界金融市場での金融分析家がいたとしたら、非難されるであろう。したがって日本学者（Japanologists）はより〝広い選挙区〟で異なる種類の専門家と手をつなぐ努力をすべきである。

イギリスにおける日本研究の状況を説明し、海外からイギリスにくる専門家にこの問題を紹介するにあたって、自己満足でなしに（と願うが）、われわれは次のようにいうことができる。すなわち、われわれは、日本語でさまざまの程度に応じて学ぶ学生に合理的な数の場所を提供している――それ独自に、あるいは他の講義と関連させて――種々のレベルで。どのコースも、その高い資格において、学生には比較的人気も魅力もある。もっとも、国民的規模において、これらの学生数はどのぐらいが適当か、一定の時間、学生を日本で過ごさせるべきだという議論もある。われわれは、非専門家に日本について広範囲に扱うコース設置を申し入れてある。もっとも、この国の大学では――いくつかの、明確に少数だが――Things Japanese を教えることを行っていない大学もある。望ましいのだが、これら一般学生に日本を訪問させるだけの準備は不幸にして、ない。日本研究については、イギリスではより高度な教育機関で、下院でよくいうように「自然に成長するほかつくりようがない」。しかし、多くの人びとは実際、自己の役割を果たしているし、委員会を通じて、要請を政府もとり入れ、日本研究の発展に応じている。

二　ヨーロッパの日本研究

ニシュ教授の次に、ブレーメン教授（Jan van Bremen、ライデン大学）によって、「ヨーロッパの日本学、人類学、日本研究」（Japanology, Anthoropology and Japanese Studies in Europe）が書かれている。かんたんに大意を要約すれば、次のとおりである。

ヨーロッパにおける日本研究および日本人類学と両者の関連における主要な発展は、一九六〇年代に始まり、一九七〇年代に確立した。さまざまな研究が出されたが、イギリスのボウナス（Geoffrey Bownas、オックスフォード日本学教授からシェフィールド大学日本研究センター所長一九六五―八〇、一九八八年九月段階では前出のコリック教授が所長、現代日本文学）による一九六六年の発表から始まり、一九七六年のクライナー（Josef Kreiner）など多数の所説が出された。

これらは、ヨーロッパ各国の日本学者や日本人類学者に影響を与えたが、そのすべてを扱う余裕はないので、ヨーロッパ日本研究の主要な方向についてだけ、とりあげよう。まず、ボウナスが一九六六年一二月一四日、シェフィールド大学で行った「日本学から日本研究へ」（From Japanology to Japanese Studies）が注目される。ボウナスは一九世紀の後半作られた"Japanology"の意味が、混乱のもとだと指摘している。それは、民族、歴史、文学、言語、宗教、思想、その他日本に関するあらゆるものを指す言葉で、むしろ、Japanology よりも Japanese Studies へ行くことが望ましいとした。「何でも屋」（Jack of all trades）的な Japanology と Japanese Studies との違いはボウナスによれば、次のようである。Japanese Studies はそれぞれが主題をもつ共同研究の専門的な集中研究によって達成されるべきであって、日本研究は、日本を相互比較的、かつ学際的に取扱わなければならない。つまり、言語（language）と学問（discipline）の二重のコントロール下に基礎をおかねばならない、とした。かれによれば、日本の研究者は、今や、われらの先人よりも高い水準からスタートすべきである。すなわち、自己の無知を正すために日本人学者によって日本語で書かれた二次文献を探すのではなく、われわれ（外人研究者）も、日本人学者による日本研究の第一級の山、それは完璧で汚れない富士山のようにそびえたつ山に直面すべきである、という。

この提案は、完全に正しいとはいえないが、以来、ボウナスやオーストリアのリンハルト（Sepp Linhart）の指導もあって沢山の、いわゆる日本研究が輩出した。しかし、Japanolgy については論議があり、Japanology を放棄できない者もいた。日本研究者の中でも、多様なレベルでのアプローチの必要を感じている者もいた。

一次史料が二次史料より重要であることはわかる。しかし、私（ブレーメン）は、東大東洋文化研究所の社会経済史家・加納啓良が、あるペーパーの中で、「たとえば、鉱山についての社会経済史的研究の場合、倉庫で眠っている一次史料よりも、印刷公表された（二次）史料の方が、ある場合はより重要なことがある」とコメントしている点は印象的で、東洋や他の文化研究者は皆、このような経験をもっているのではないか。

オウベハント（Cornelius Ouwehand）は、チューリッヒ大学で日本学と日本研究について見解を発表、日本研究の最初のピークは徳川時代の一八―一九世紀にあって、それは、wagaku（和学）として知られていたと指摘（一九六九）、西洋新日本学（die westliche Japanologie neue）を提唱し、歴史、宗教、社会、風俗研究の必要性を説いた（一九七六）。

かくて、ヨーロッパの日本研究には、二つの方向が求められた。ひとつは、日本学と他学問についての二重能力（double competence）であり、もうひとつは日本の資料、研究、指導に全面的に精通する方向である。一九七〇年半ごろ（一九七六）、クライナーは「日本文化研究の主要方向」（Hauptrichtungen in der Erforschung Japanischer Kultur）の中で、日本学研究の学問水準が、ヨーロッパ研究にも大いに重要であるという認識を強調し、また、柳田國男の民俗学のような日本の学問に注目、むしろ「総合日本文化学」（Allgemeine Japanische Kulturwissenshaft）と呼ぶべきだ、とさえいっている。

かくて、クライナーは学問としての日本学について、次の見解を示した。すなわち、日学の学者は、日本のすべてを知っている知識人であるべきだという要請を避ける意味でも、三段階の方策が必要だとした。⑴第一の解決方法は語学や文学研究のように狭く日本学を明らかにすること、⑵次は日本学を補助学問として、日本学者を他の学問への専門知識の提供者とみなすこと、⑶第三は日本学（Japanology）から日本研究（Japanese Studies）への転換を選択すること。

かくて、ヨーロッパ大陸の日本研究は英語圏のそれと同様、定着していった。リンハルト姉弟（Ruth and Sepp

Linhart）は「日本の文化と社会研究についての一見解」（Einige Bemerkungen zum Studium der Japanischen Kultur und Gesellschaft）を発表、ゼップ＝リンハルトは、ウイーン大学の日本研究所に日本研究のポストを得た。こうして、日本学者は、日本語のマスターと、特殊であると同時に適切な日本文献の研究という二重苦（Doppelbelastung）に立ち向かった。

ここでひとつ問題がある。それは、研究者はその研究を環境によって決めるべきか、自分の興味や好みに委ねるべきか、である。リンハルトは二人とも、一九七〇年ドーア（Ronald Dore、『日本の農地改革』Land Reform in Japan, 1959、『都市の日本人』その他の著者。ロンドン大学出身、アメリカ社会学を研究した）と同じ立場に立った。前者、すなわち、社会科学者はかれの研究の中で、そのときの問題、社会のニーズ、興味に答えなければならないし、情報や洞察を提供し、日本について、他人に教える義務があると、ドーアやリンハルトは、みなしたのである。ところが、一方、オーストリアの長老スラビク（Alexander Slawik）は、一九七六年、科学的な仕事や調査というものは、完全に社会のニーズ等から自由でなければならない、という反対の立場をとった。

戦後世代に属する二人のリンハルトは、次のようにみなした。すなわち、日本とその研究を知ることが社会学の領域においても多くの問題を投げかけることになる。この見解は社会学者やアメリカ学者（Americanist）ホランダー（A. N. J. den Hollander）の影響でもある。ヨーロッパの日本研究に対する問題の明快な認識は、ここに作られたのである。ウイーンにおける日本研究の方向付けは、文化の相互比較の提唱である。

ウイーン大学はヨーロッパの日本人類学では特別な場所であって、一九三〇年代から民族学や日本学と密接な関係が進展していた。岡正雄（一八九八－一九八二）のウイーンでの活躍は、戦後の日本の民族歴史学研究に影響を与えた。

一九七二年、「伝統的日本学との対決」（Auseinandersetzung mit der traditionellen Japanologie）を書いたスラビク、このウイーン日本学の権威は、日本学、日本研究、日本人類学相互の関係や相違点に触れて、次のようにいっている。すなわち、両大戦間期の〝ミニ日本学者〟が、日本から、あるいは相互に孤立している一方、現在の若い世代が、日本学を補助学問としてしかみず、あるいは全く捨てて省みない点を批判する。スラビクによれば、日本学の核心は、それ自身のため、第一に日本に興味をもつことである。反対に、日本研究は日本に興味がなくて、他の学問に根ざし、その影響下にある。ここに、スラビクの概念を紹介するのは困難だが、かれは六つの地域研究のひとつに一九六七年熊本県阿蘇地方をプロジェクトに選び、ボン（Bonn）で、日本社会の農業社会から工業社会への変容をみるため、日本の他の地域と比較しながら、研究を拡げている。

展望としては、「日本学」は「人類学」になぞらえられ、両者はテーマが共通する。「日本研究」は「人類学」の補助分野ないし特殊化されたものといえる。それにしても、完璧な語学のトレーニングがないと、研究は進まないし、日本研究をより制度化することも必要である。一九八〇年代に入って、日本研究の輪郭もようやくみえてきた。日本人類学は複合的社会の研究に寄与することになり、大学、学部、センター、国際研究などで、日本研究が独立したポストを獲得するようになった。その中には、孤立していて、調査や教育の適任者がいない不適当なものもあった。

しかし、多くの研究所や大学によって提供された日本研究が、種々なバラエティーで増加する傾向もみられた。たとえば、エセックス（Essex）大学の現代日本研究センター（The Centre for the Study of Contemporary Japan）が、一九八七年一〇月に「現代日本」という大学院修士のプログラムを設けたこと、オランダロッテルダムのエラスムス（Erasmus）大学では、日本学（Japankunde）の二年の新コースを、最近制度化し、その最初の卒業生が出た。これらは、テスト・ケースであるが、かなりの公的・私的補助を受けて進展したものである。

新しいセンターについては（イギリスの状況はニシュ教授によって前述されているので省略）、日本学と日本研究の結び付け（combine）を意図している。Things Japanese 研究への勧告は強く行うが、その上に他の段階を付け加える。こうして、ひとつの社会型として、日本から学ぶことを考えるべきである。ロンドン大学のSOASに日本人類学のポストができ、ライデン大学の日本韓国研究センターに日本語、韓国語文化、近代日本史のポストができ、チューリッヒ大学にも人類学のポストが期待できる。一九八八年末にはクライナーの進言で、横浜にドイツの日本学研究所がオープンすることになっている。こうして日本人とヨーロッパ文化・社会・文明の研究者の交流が進んでいる。

以上のヨーロッパの日本研究に、ヨーロッパ日本研究協会（EAJS）が果たした主導的役割は大きく、〝名誉ある孤立〟ではなく、相互の比較と学際研究は周辺分野にも役立っている。ヨーロッパに加えて、日本の努力と補助も大きい。日産の例は前述したが、戦前一九二七―二八年、ベルギーのカトリック系大学の東洋研究所に日本文化史のポストが設けられ、また、ウイーン大学の日本研究所は男爵薩摩治兵衛の寄付に、三井高陽の基金を加え、岡正雄の指導で一九三九年に設立されたものである。

この一五年間のヨーロッパ日本研究協会の役割は大きかったが、今や、もっとヨーロッパレベルでの日本研究が機能してもよいときがきた。一九八四年設立の日本人類学研究集会（Japan Anthropology Workshop）、一九八七年のアイヌ研究国際協会（The International Association of Ainu Studies）等、垣根は次第に取り払われた。ヨーロッパ各大学、研究所、研究者の相互交換、研究誌の発行が将来は、考えられる。

三　日本研究協会大会報告

ダラム大学で行われたヨーロッパ日本研究協会大会の報告を題名だけ記せば、次のとおりであった（英文、省略）。

○人類学と社会学
Pamela J. Asquith
魂の獲得：日本における動物や物の供養
E. Ben-Ari
多くの声、偏った世界：日本の民族学的肖像に見る因習と革新
Augustin Berque
東京の河川：方法論的研究
Catherina Blomberg
「奇妙な白い笑い」：日本のお歯黒と歯の処理についての一研究
Rosemary Breger
経済競争と外国駐在エリート：ドイツの新聞に見る日本の一般的イメージ
Jan Van Bremen
理想と現実の間で：近代日本の新しい儒教

Roger Goodman

現代日本教育における個人主義と創造性についての論議

OK-pyo Moon Kim

日本と韓国における男女役割分担の諸相

Ingrid Kargl-Getreuer

老齢化社会への対応

Josef A. Kyburz

縁起物、土産、おもちゃ

Chantal M. Lombard

日本の教育における遊びと家庭内教育

D. P. Martinez

国崎《くざき》（三重県）にＮＨＫが来る：ドキュメンタリー・フィルム作成の理想と現実

Felix Moos

日本：文化の変容と家族出産計画

Mary Picone

日本の怪談：物語と幻影

Hitoshi Nakagawa

伝統的な家屋構造とその展開（京都府日吉町の事例研究）

Claire Gallian
伝統的な家屋の生活とその展開（同上）
Regine Mathias
サムライまたは無産階級：戦前サラリーマンについての当時の見方
David McConnel, Harumi Befu and Kazufumi Manabe
日本人論――茶の好みは同じとは限らない
Nobuhiro Nagashima
競馬ファンの社会的地位
Ian Reader
像と改宗：新「仏教」組織のシンボルの投影
Kirsten Refsing
日本の教育――戦後の発展と将来の展望
Jacob Raz
やくざ――自己顕示の二面性：日本暗黒グループについての実地調査報告
Fleur Wöss
死とあの世への態度――一九五八－一九八五年世論調査
Peter Post
一八九九－一九一八年オランダ領東インドにおける日本人の生活のヨーロッパ化

○経済学および経済史

Anne Androuais

現代日本の資本蓄積：総固定資本と直接海外投資の関係（一九六八－一九八八）

Tuvia Blumenthal

日本の技術戦略：継続か転換か？

Peter J. Buckley, Hafiz Mirza and John R. Sparkes

日本の政治経済と多国籍企業

Olive Checkland

イギリスのライセンスの渡し手と日本のその引受け手：技術移転の第三段階（一九〇〇－一九一四）

Dr Foreman-Peck

日本の産業変革とイギリス鉄鋼業一九六〇－八七：集合論

A. Hernadi

アジア太平洋地域における日本の役割

John Kidd

ヨーロッパにおける日本（企業）の製造子会社の投資動向

Sarah F. Metzger-Court

〝天は自ら助くる者を助く〟：明治初期日本の経済的・社会的状況における〝自助〟

Corrado Molteni

日本の金融組織の自由化と国際化：非差別化の問題
Ian Neary
特許政策と日本の製薬産業
Erich Pauer
経済史家の盲点の時代（一八五〇－一八九〇）
Ulrike Schaede
商業紙紹介：日本金融市場の自由化についての事例研究
Hiroshi Shimizu
戦前オランダ領東インドにおける日本商業社会の発展：からゆきさんから財閥支配の昭和へ
C. Zanier
世界絹市場の新来者としての日本：ヨーロッパの評価
○歴史、政治学および国際関係
Detlev Taranczewski
中世初期日本の領主制についての諸問題
B. M. Bodart-Bailey
E・ケンペル（一六五一－一七一六）と徳川日本の儒教の迫害
Frank Lequin
一八世紀におけるヨーロッパと日本の学問と文化の交流：日本における Isaac Titsingh

Toshio Yokoyama
一八・一九世紀の参考書としての家庭辞書（節用集）の歴史
Herman J. Moeshart
フォン・シーボルトの二度目の訪日、一八五九－一八六二
Fred G. Notehelfer
日本貿易港についての新史料：フランシスホール（Francis Hall）の日記一八五九－一八六六
J. L. Breen
王政復古政府のキリスト教政策：動機の問題
Graham Healey
ヨーロッパの岩倉使節
Helen Ballhatchet
ロンドンの馬場辰猪
John Crump
日本の純粋アナキスト（純正無政府主義者）
Valdo Ferretti
日本海軍と一九一一年日英同盟
Olavi K. Fält
大正時代における日本人の国民的独自性と野望の反映としての天皇のイメージ

Yuji Otabe
日本のシンガポール占領政策、一九四二―五
Grant K. Goodman
「失敗革命」としての日本のフィリッピン占領
Peter Lowe
日英平和条約、一九五一
Takahiko Tanaka
ソビエト連邦との関係での鳩山グループの外交視点、一九五五―六

○文　学

Robert Borgen
剽窃文書の事例：成尋（じょうじん。天台宗の僧で入宗、一〇一一―八一――小林）日記の奇妙な一節（ほか一一報告、省略）

○言語学と語学

Judit Hidasi
日本語への実用的挑戦（ほか五報告、省略）

○宗教と哲学

Klaus Antoni
「神の国は？」――日本神道伝説の人間観

Carmen Blacker
日本民族宗教の高貴な祖先としての外来者
Thomas Crump
私的言語としての日本語
Wieslaw Kotanski
神道神話にみる七人の独身の神
Akiko Kubo
奈良東大寺御水取
Olof G. Lidin
荻生徂徠の歴史観
Michael Pye
富永仲基の『出定後語』（しゅつじょうこうご）
Deiter Schwaller
日本黄檗宗の二つの初期仮名法語
Susanne Formanek
前奈良と奈良時代の老師
Mark Setton
Chŏng Tasan と「古学」（伊藤仁斎など、朱子学・陽明学を儒教本来から遊離したものとし、孔子・孟子の古意を

継ごうとする儒学の一派――小林）

○演劇、美術、音楽

Mary Elizabeth Berry

「舞踊禁止」：戦国時代の京都の危険な演劇（ほか一六報告、省略）

以上の多数の大会報告をみると、日本研究（Japanese Studies）と日本学（Japanology）の分離や、前者への移転という提唱の実現は、とても無理であるという印象が強い。特にイギリスの日本研究が、日本企業のイギリス進出が微妙に反映して、比較的、現代日本に関心をもつ報告を用意しているのに対し、ヨーロッパ大陸の日本研究が、依然として、人類学の伝統を強く残して、日本学そのものの研究が多い印象を受けるのである。

ところで、大会が行われた場所はダラム大学のUniversity Collegeで、河に囲まれた城と教会がそびえる高台にある素晴しい環境で、同大学ルイス＝アレン教授（Louis Allen、戦中日本語学校出、戦中日本記録文学）の努力で開かれた。文学、理学、社会科学の学部（faculty）の下に学科（department）があり、博士課程の大学院ももち、社会科学部の中でも、人類学はイギリス最大の規模で、民族学のレベルも高いとされている。

日本の研究者、日本経済史の安場保吉阪大教授、炭坑史の荻野喜弘九大教授、平川祐弘東大教授にも会った。平川氏は高師付中（現、筑波大付属中・高）の一年後輩で四〇年ぶりの再会、漱石の報告にきた。また、監修執筆した『高島炭礦史』（三菱鉱業セメント（株）、一九八九年一月刊、斜陽産業のモデルとして、イギリス学者も興味をもってくれた）で論文を引用したR・マチアス・ボン大学日本文化研究所女史にも、初めて会った。古城の地下で、ギネスビールをおごってもらい、コリック所長から、話を聞く。

まず、大学補助委員会（UGC）についてであるが、政府のひも付きではあるが、委員は大学から出ており、建前は自由な立場であった。しかし、一九八九年からは、the University Funding Council（大学基金委員会）がスタートするが、その事務局には企業からも人が入り、UGCのようなフリーなものではなくなるらしい。

一〇年前、サッチャー内閣になってから、締め付けが厳しくなって、大学の人員も一五％も削減されたし、大学予算の九〇％は国から、あとの一〇パーセントは外国人留学生（イギリス人学生は奨学金があるので）によって補われているが、かように、外国や企業から援助の研究費をもっと取って来いといわれているようである。それに反対したカーディフ（Cardiff）大学の学長が更迭され、二つの大学をひとつに合併するなど、合理化が進んでいるという。

なお、一九八二年に実現したオックスフォード大学日産日本研究所については、日本研究のスタイルは変らないが東洋研究所（Oriental Institute）と二本立てとなっていて、新しい研究方向が出てきた、という。それが、セントアントニーズ・カレッジ（St. Antony's College）に設けられたことは偶然ではない。東洋研究所で日本文学を研究されていたパウエル教授の存在が大きいと推定される。ケンブリッジは一七年前と何も変らないが、それでケンブリッジはよいのだ、という。

ケンブリッジ在住のオリーブ女史が前掲報告をされているが、イギリスからの日本政府や三菱造船所へ技術移転に関して、イギリス人職工長やマネージメントの委託を好まない第一次大戦直後までの状況を報告されたはずである。故Sydney Checkland教授とご夫婦で横浜にみえたときは、北政巳創価大教授、家内と日本学術会議の命令でご案内したことを想い出す。日本人が外人墓地に宗派を問わず葬っていることに、ひどく感心された。家内は、日本では死ねば神になるからと説明したのが通じたのだった。なお、かつて横浜領事館（現、開港資料館）正面に掲げられ、同館内の一室に保管してあるイギリスの巨大で派手な紋章をみて、ラテン語で「イギリスに悪意を持つ者に呪いあれ」

と書いてあると教えてくれたのも、オリーブ夫人だった。オリーブ・チェックランド『明治日本とイギリス』（法政大学出版局、一九九六年）を完成。

なお、シェフィールド大学のセンターが日本研究者の供給地となったことは所長も認め、ゴウ教授（Ian Gow）ほか研究者が育ち、一七年前はそのスタッフの大部分がオックスフォード大学出身者（Oxonian）であったが、現在は四分の一ぐらいで、もう供給されなくてもよくなったという。拙稿では「この自信と、この研究所のスタッフの若さ（三一－三二歳）から、シェフィールド大の研究者が今後一〇年後に果たす役割は、注目すべきものがある」と書いていた。

では、スコットランド唯一の日本研究センター（Centre for Japanese Studies）があるスターリング大学に行って、同大学のカリキュラム編成に携わったノレイカ研究員（Ruta Noreika、アメリカ人）に聞いたことを一部紹介する。同大学では読み書きだけでなく、社会や歴史についての講座もおき、現代日本を中心に研究、やがて日本企業に卒業生を送るべく、仕事に使える日本語をめざし、本格的には一九八八年から力を入れ、三年生には日本で実地に学ばせることを考えている。ゴウ教授は日本に行っており、会えなかった（日本では筆者の近親の入院等で、遂に会えなかった）。スターリング大学は、一九六七年設立の新しい大学で、文学、理学、会計学（accouutancy）の学位を授与し、新大学らしく科目は多彩に設けてあり、日本研究スタッフも四名であるが、徹底して現代日本、戦後の日本を捉えようとしているところに特色があろう。同じように、ウエールズにも、日本研究所が設けられるという。"Japan in Scotland"という「かわら版」が出ていて、九－一〇月、日本週間を設け、美術、写真展示、鈴木清順の映画をDundeeで公開するという。

なお、ニューカースル大学はダラムのすぐ北にあり、一九六三年に設立されたが、ダラム大学の医学部が一八七一年にここに設立され、一九〇八年には文理各学部が実現、遂にダラムから独立した。「日産をふくむハイテク日本企業の集中している地域」と同大学案内にも書くほどで、語学センターのシャウ教授（P. M. Shaw）によると日本語・日本政治研究に力を入れており、Library of Japanese Science & Technology を設けている。ここに、確かに日本大企業の技術関係の日本文献が収容されていた。一方、ダラム大学には東洋博物館（Oriental Museum）があるが、エジプトや中国のコレクション（アンティークや陶器）が主で日本や東南アジア関係は少なく、ダラムは中国研究・ニューカースルは日本研究に分化していくようである。事実、School of Oriental Studies が文学部の中に英語、近代ヨーロッパ語、音楽各スクールとともにある。ダラムは、中世の美しい観光都市ヨーク（York）のすぐ北にある。

日本企業のイギリス進出に伴い、日本にあるブリティシュ・カウンスルで調べた日本研究のテーマは、ガウ教授らグループの日本とイギリスの経営戦略の比較や、日本製造業経営方式のイギリスへの移転、ブラッドフォード（Bradford）大学グループの日本経営方式の効果、バーミンガム大学スタッフの日本とイギリスの労働力計画と産業関係など、日本企業の喜びそうなテーマ（その多くは補助も受けている）が多いことがわかるが、その成果は、今後であろう。

四　日本企業の北東部進出

ロッド＝ハーグ教授（Rod Hague、ニューカースル大学）によって、一五周年記念会報には「イングランド北東部における日本製造企業」（Japanese Manufacturing Companies in North-East England）という投稿がある。その大意を紹介すれば、次のとおりである。

まず、北東経済と発展政策の背景について。北東は、ダラムやニューカースル・アポン・タインの都市をふくみ、個性をもっている地域である。人口は三〇九万人で、スコットランドの五九〇万人より少なく、ウェールズの二九〇万人より多い。しかも、他の二地域よりも安定（stable）産業の低落が激しく、新しい投資を必要としている地域である。というのは、産業革命以来、石炭と造船の二つに依存して、この地は発展し、石炭、鉄鋼、軍需、船舶の発展によって他の二地域より高賃金を得られたからである。しかし、それも両大戦期であった。老朽化した炭坑は枯渇し、石炭輸出は安い海外炭に太刀打ちできなくなった。一九二〇年代初めには、ダラムから大規模な労働者移動がヨークシャー（York-shire）やノッチンガムシャー（Nottingham-shire）の石炭産出地へ行われた。一九三〇年に、今度は造船業が破滅的危機を迎え、三〇年代後半に再軍備で一時的に雇用も回復したが、この狭い経済的基盤という問題は残った。一九六〇年までに、石炭や造船の減退は明白となり、一九七三－七四年の石油危機は、それを加速した。そして、サッチャー内閣の登場で公企業への支出が制限され、イギリスの内外経済のリストラクチャリングが進行すると、伝統的な衰退産業だけでなく、新しい製造工業までが雇用を衰退させた。北部で、一六万人が一九七八－八八年の間に、製造業で失職（三九％減）。増加したのは相対的に小規模な金融やサービス業の二万六、〇〇〇人（五一％増）だけで、建設・エネルギー・水・流通も雇用減であり、日本の投資も地方レベルでは、充分期待できない。

基幹産業の雇用

（単位：1,000 人）

年	1952	1960	1971	1978	1988 推定
炭坑	171.6	150.2	61.1	44.7	12.0
鉄鋼	54.6	57.2	47.8	40.5	28.0
造船	61.4	60.2	49.4	47.6	13.0

（一五周年記念会報、38 頁）

この地方に特徴的なことは、大企業が多く自営業が少ないことである。したがって、炭坑、造船所、工場、鋳造所など大規模なプラントが廃止されたり縮小されると、ただちに大きな打撃を受けることになる。イギリス全体の公式失業率が一九八七年一〇・五％であるとき、北東部は一八・四％にも達した。

次に地域的発展と地域内投資について。さまざまな問題を解決すべく、石炭庁（National Coal Board）は補助政策で一九六〇年代、安価な石油輸入に対抗しようとしたが、炭坑閉鎖が相次ぎ、労働過剰が起こった。英国製鉄公社（British Steel）は一九七三年、一〇年計画で、ティーサイド（Tee side）で拡張を意図したが、一九七〇年代後半には失業とプラント閉鎖に追い込まれた。一九七〇年代の不況や競争激化によって、国営ないし多国籍企業は、地方の工場等を閉鎖して中央部に新しい投資を集中し始めた。また、（サッチャー政権が登場した）一九七九年以来、国家の政策は「赤字製造業につっかえ棒をする」（"propping up lossmaker"）のではなく、むしろ、小企業を補助し支持する〝自助〟政策を採用した。また、五〇年間の北東部の経済発展策は、実らなかった。

一九六〇年代、地方の政策はイギリス企業の誘致を地域発展のため根づかせるところにあった。六〇年代終わりには、雇用分離課税と地方雇用優遇というむち、発展補助策というにんじんを採用した。やがて、これは外国企業誘致をもたらし、北東地域における外国がオーナーの企業は、イギリスの平均と同率の一四％に達した。北部には、かくて一九八八年、合計二四五の外国オーナー企業が存在する。うち、半分の一二〇はアメリカ合衆国で、日本は二位である。

北東地域における日本企業では、一九六九年には、イギリス内にひとつの日本製造業も存在しなかった。しかし、一九八七年半ごろまでに、五七を数え、続々進出する気配である。日本人の心配は労働組合や労働関係、質のよい労働供給、イギリス人の管理能力などへの疑問などであったが、それが取り除かれると、進出を決意した。それを決意させたものは、一般的には貿易摩擦、円高、日本国内のコスト高、（ヨーロッパ）市場に近いことなどである。また、英語使用圏であることは、他のヨーロッパ諸国のそれより、日本企業を惹付けた。また、ここの暖い人情と風土も。

こうして、日本の製造業の北東部への投資は一九七六年から始まったが、一九八四年に、日産が自動車工場設置を宣言してから本格化した。日本企業は、自動車と関連機械の企業と、家電企業の二系列に大別できる。前者は日本精工（ＮＳＫベアリング）、ＳＰタイヤ（旧ダンロップタイヤを買収、住友系）、小松製作所（掘削機械）、日産自動車工業、池田フーバー（Ikeda-Hoover、自動車シート他）、ＴＩ—日本（排気装置他）、日産—大和（小型圧延）、ＳＭＣ気送管（圧搾空気で送る機械）などである。また、後者はタブチ（Tabuchi、変圧器）、サンヨー（電子オーブン）、ＳＭＫ（キイボード他）、ＶＣＲミツミ（ＶＣＲのチューナー製造他）などである。

このうち、日産は北東部のサンダーランド（Sunderland）に進出したが、イギリス進出日本企業中最大規模で、一九八九年末までに基本投資だけで四一億三、〇〇〇万ポンド（約邦価一、〇〇〇億円）に達することになる。初め、一九八四年には年産二万四、〇〇〇台としたが、やがて一〇万台、一九九〇年初めには二〇万台に規模を拡大するとしており、北東部のシンボル的存在である。英国日産の人事部長（Director of Personnel）ピーター＝ウィケンス（Peter Wickens）は、弾力性、高品質、チームワーク（Flexibility, Quality, Teamwork）の三本立てを経営の目標とし、これらの要素は非日本企業にも適用できるはずと明言している（The Road to Nissan, Macmillan, 1987. 東洋経済新報社から日本版が出る予定。なお、Wickens は、正確には Director of Personnel and Information Systems)。「サッチャー好みの会社」とか、労働組合会議（ＴＵＣ）からの反発も強いが、日産を招待したのだから、白いカルテ（carte blanca）に何を書こうと自由とか、日産は「時間厳守」（Just In Time, JIT）のテクニークをイギリスに持ち込んだ、という分析もある。

日本企業のポリシーでは、日産は自動車生産という集合工場であるため、特に、小松やＳＰタイヤよりも、ＪＩＴが要求される。むしろ、労務の問題が重大である。北東部は伝統的産業の労働者社会が残存しており、イギリス平均五〇％の労働組合組織率は、ここでは七二％、労働党の聖域で、失業者はサッチャー改革の犠牲者と思い込んでいる。したがって、雇用方法の各社の違いをみると、日本精工（ＮＳＫ）は、労働党内閣時代の一九七六年に進出、製品の八〇％を欧米へ輸出しているが、従来からあったＲＨＰのボールベアリング会社が潰れたのを引受けたが、従来企業経験者は会社の方針にすぐなじまないと、学校出たての者しか雇わない。ミーティング、内部コミュニケーション、相対的にきびしい労働、ユニフォーム、時間厳守等は、イギリス人には“funny company”と映った。一方、小松は冶金、製造失業労働者（以前は学校出の五〇％が失業）が豊富なため、これを雇っている。一方、日産は一八－二一歳の男子労働者の新人を、きびしい選択で雇っているので、次第に崩れてはいるが相対的に少ない労働者雇用となっている。日本精工と小松の組合組織率は七五％と六〇％、それに対して日産は一六％にすぎない。日本精工は「イギリスの労働者は日本人ほど働かないが、レイ・オフはしない」といっている。なお、ハーグ教授の調べでは、日本精工の雇用者は八七年末で五六〇人（目標六二〇人）、小松は二八〇人（三八〇人）、日産は一、一〇〇人（三、七〇〇人）である。

最後に、その影響（the impacts）として、日産工場のあるサンダーランドは、一九六〇年代のスコットランドのリンウッド（Linwood）が孤立した離れた場所に建設したため、一九七〇年代に急速に衰えた二の舞をふむであろうか。そうはならないだろう。日産工場は高能率であり、展望がもてるからである。しかし、結論として、日本企業の進出は、以前の外国企業の進出よりも、日本社会のエキゾチックさの衝撃はより大きく、希望と若干の不安もある、としている。

なお、斜陽産業（sunset industry）のひとつ、石炭産業をウエールズのカーディフのロンドン寄りのニューポート（Newport、ウエールズ語で Casnewydd）で降り、延々とバスを乗り継いで Big Pit Mining Museum に行き、地下坑にもぐって、一時間のレクチュアを受けてきた。高島炭はウエールズ炭に近い高品質といわれていたが、坑内で拾った石炭は高島のそれより、やや光沢があった。二〇〇年以上の歴史があるが、現在は閉山、博物館となっている。ウエールズの炭田は、南と北の二個所にわかれているが、南は一九一三年六二〇の炭坑があり、二三万二、八〇〇人も働いていたが、一九七五年には四二坑、三万人余が国営で、八〇の小炭坑で六〇〇人が働いているにすぎない。北では一九七四年までに二坑となった（Welsh Coal Mines、一九八六、ウエールズ国立博物館で求めた小冊子）。驚いたのは、ウエールズ語で、テレビが放映されていたことで、ロンドンから特急（Inter City）で二時間のところであり、イギリス国内の地域性を感じた。

五　イギリスからみた日本

この一七年間で、カメラ、時計、家電、オートバイは世界を、そしてイギリスを制した。ロンドンのCamden Town（秋葉原の小規模なものがある）では、日本製品以外の家電はないといっていい。オートバイは全部日本製だが、ロンドンでは渋滞する車の間を縫って短時間で情報を配送するのに使われ、若者の暴走はみられなかった。普及していないのかも知れない。ＴＶでSanyo、Panasonic、Toyotaのスポーツ冠大会をみた。しかし、自動車はNissan（Cherryなど）、Toyota（Camryなど）、Honda（Accord）等はみるが、路上に駐車している二〇台のうち、日本製乗用車は三台ぐらいか。しかし、特徴的なことは、三菱がShogun（将軍）と名付けた工事用トラックほかSuzuki、Nissanもだが、圧倒的に日本車が多く、あたかも、現在の日本（働き蜂社会）の姿、つまり、世界の労働を一手に底辺で支えていることを象徴しているようである。早く高級乗用車で日本車をみたいものだ、という気がしてくる。イギリス車はAustin（Mini）程度でRolls Royceなどほとんどみなかったし、アメリカ製の大型車もロンドンではみなかった――Fordの中型車は一七年前同様、多かったが。

なお、英国Nissan（Bluebird）車はイギリス製部品が八〇％以上でなければ欧州製と認めないというEC委員会の決定（一九八八年一〇月）は、八九年四月、部品調達率がイギリスが主張する六〇％、あるいは現行の七〇％に引下げられるらしいということで、トヨタ自工、三菱自工、ホンダ、富士重工も進出の最終的な詰めに入ったとされる。それまでは、ECの英国日産車に対する台数制限枠（現行総販売台数の三％以内）のため、ブルーバード二五〇台が港で足止めを食っていた、というのである。

「日本」を直接味わうのは、日本料理屋ということになる。赤坂、人吉、銀杏等日本語を看板とした店が、日本人の目を惹く。概して高い。セント・ポールにある店に入った。刺身定食の場合、六ポンド八〇ペンス（約一、四〇〇円）で、ヒラメ、マグロ、サケ二～三枚から成り、つけ物とみそ汁付き、三〇ペンス出せば、米飯のお代わりができる。地の利が良いためか、日本人のビジネスマンが殺倒し行列し、争って食べているのをみるのは、物悲しい風景である。Kikkomanの醤油びんは、すべての日本料理屋、中国料理屋の食卓に常備されている。日本にいるときは、一日夕食に軽く一杯の米飯を食べるだけなのに、米飯がうまいので、つい入る。昼食はともかく、夕食に入り、酒を飲みながら、都はるみの俗謡を聞くともなく聞いて、メイドの日本女性から「失礼します」とか「もう下げてもよろしいでしょうか」という日本語を聞くと、人によっては涙が出るのではないか。

前回は、カレー屋や中華料理屋が多く、道を渡ってカレー屋に入るつもりで中華料理屋に入った経験があるほどであったが、今回は、イタリア料理屋が増えた印象を受けた。ただし、料理がくるのが遅く、一時間ぐらいの食事時間は覚悟しなければならない――酒、スープ、スパゲッティー、アイス程度でも。そこへいくと、インドカレーの

Tandooriは、早いし、カレーをベースに種類は多く、前回もmeat & mushroomを好んでとったが、今回もうまく感じた。meatはshell（prawn車えびもふくむ）より安く、meatは必ず牛肉を指すようだ。量も多く、七ポンドで食べ切れないほどだろう。日本にもあるが、貧弱で問題にならないし、日本のは、一品料理屋である。

King's Crossで一九八七年、地下鉄構内火事があり、多数の死者を出した。そのためか、地下鉄構内、電車ともno smokingである。一七年前はsmokingの電車も連結されていた。深いだけに、一〇〇年来の空気の汚れと迷路、そして、路線そのものが複雑で、地下鉄地図は手放せない。ただし、来る電車が何処行きで、あと何分で来るか電光板に明示されるので、行く先がわかれる路線などには、便利である。もっとも、日本は時間通りに走るので逆に電光板が不要ともいえるが、構内放送だけより確かに外国人には便利である。

国鉄の電光板は、多くの駅で経験したが、一五―二〇分前にならないと絶対に出ず、あせることがあった。また、地下鉄も同様であるが、次の駅名が絶対に表示してない。また、地上に地下鉄（subway, underground）という掲示しかなく、駅名が出てない駅が多い。バス・地下鉄・国鉄と二ポンド（一週間だと六ポンド九〇、身分証明書写真要す）一日共通券で乗り降り自由なのはよいが、バスから地下鉄に乗り換えようにも、地上に駅名が出てないので降りられないことがあった。古いものは最後まで使う積りのイギリスでは、まだ、エレベーターを使っている駅がある（例、Hampstead）。一七年前には黒人がエレベーターの大きな箱を動かしていた。地下鉄は深く、第二次大戦中、ドイツの爆撃からロンドン市民を救っただけあって、若者向きまで、足腰の弱い老人は目的の電車に乗るまで大分歩かされるので、バスに乗るほかない。

土、日には停車しない駅（例、Mornington Crescent）や、大部分の駅で下りのエスカレーターの一―二本は停止という次第で、電車の本数も少なくなる。汽車も同様である。特に日曜日は、聖なる日として働かないことは一七年前

チェコのプラハ、「プラハの春」ならず、戦後の繁栄から取り残されたが、日本のような近代化がよいかどうかは分からない

と同様で、現在は店など開いているところもあるのでありがたいが、バスはほとんど停止、汽車は一日一本のみ（例、Fort William-York）という経験もした。日曜増発のある国と、考え方が違うのである。

一七年前にはなかった特急（Inter City）が通り、時速二〇〇キロは出すので、スコットランドでもウエールズでも近くなった。しかも、特急券を売るという考えはなく、座席指定を取っても、わずか一ポンド（家族全員でも同じ）。つまりstopping atがいくつあるかで、普通と特急があるわけで、短気な日本人のように時間を買おうという考えがないのは、旅行というものの本質を弁えているといえる。ただし、在来線そのものが広軌であるから（現在、さらに広くする計画もある）、そこにインター・シテーも高速で走るので、帰国してからロンドン近くのjunctionで二度大きな衝突事故が起こり、多数の死者を出している。しかし、国鉄は赤字であり、未だに、内から手で開けないと降りられない車輌が多数走っている。赤字の原因として、こういうことがあった。Cardiff-Londonまで買おうとしたら、片道singleではなく往復買えという。returnの場合一四ポンド五〇、片道は二一ポンドなのである。駅員が親切にも安く行く方法を教えて、国鉄赤字の片棒を担いでいるのである。

法のルール rule of laws を輸出しうる概念 exportable concept としているイギリスと、第二章では書いたが、動いている車輛に飛び乗ろうとすると「British Railway Law 14によって最高二〇〇ポンド（四万六、〇〇〇円）の罰金」という掲示が散見された。no smoking を犯した場合は、五〇ポンドの罰金となっている。日本では罰金の金額明示がなく、それを犯しても、とがめもしないが、イギリスも、ルールをあくまでも守らせることは、前回より薄れたという印象は受けた。

一七年前は、下宿の部屋にTVがなかったし局が確か午前中は放映していなかったが、今回はみることができた。ロンドンではチャンネルは四つ、BBIはニュースや一般向け、TWO（BBC2）はインテリ向け教養番組、調査（例、Family Portrait のように、ある家族の歴史をたどる）、1TV（3チャンネル）は喜劇、ゲームなど庶民的、4（4チャンネル）は映画、ニュース、教養番組で、3と4チャンネルはコマーシャルがあるが、日本ほど、長く、あくどくない。日本のように衛星放送を除いて八チャンネルあることが、良いのか悪いのか。一般の人はTVは重視してなく、公園や、演劇を安く楽しんでいる。オリンピック（一九八八年九月一七日〜）六日前の九月一一日回顧番組を流したが、全然騒いでいなかった。あの円谷幸吉の悲劇は起こりようがない。日曜は2チャンネルで一日中、スポーツ（Ground Stand）を流しているが、クリケットだけはどうして面白いのか、どうしてもわからない。観客が背広とネクタイであるのには感心する。

many strikes も、イギリスの特徴であるが、医者のスト、看護婦のスト、続いて、郵便ストが、八月下旬から各地で起こった配達夫の山猫ストを Union of Communication Workers が追認するかたちで始まった。ロンドンでは、九月三－四日ごろから郵便ポストが全部封鎖されて、日本へ手紙を出すことも荷物を出すことも不可能となった。郵便局では仕事がなく、半分電気を消して記念切手を売っている程度で、国鉄の Red Star（荷送部門）は大賑わいという仕末。原因は、ロンドンなど物価高の地区に特別手当を導入しようとして反発され、ストのとき一般人を配達に動員するのはけしからん、配送を一ポンド以上のものは民間配送業者に許しているが、Royal Mail がそれ未満にも許そうとしている等に、Union が反発したものらしい。一九八七年一一月ごろから対立しているそうだが、組合の御都合主義という感もないではない。公衆電話は、Phone と Card と別室になっており、日本のように同じ通話機で掛けられないのと混雑しているのとで、外国人には迷惑この上ない。ところが約一カ月（九月二五日ごろ解決）、イギリス人は平静そのもの、バングラデシュの二、五〇〇万人洪水被害者募金、I. R. A.（一七年前から続いている）が警察官六人を射殺して以来の犯人追及などは大騒ぎだが、ストの扱いは小さい。郵便で事務を確認する慣習があるイギリスで、郵便はビジネス分が七、八割を占めるというが、日本だったらビジネスの圧力により一日で解決、といったところであろう。

郵便は世界共通に国営なので民営化できず、サッチャーの民営化政策もこれに及ばず、痛しかゆしといったところであろう。サッチャー政権は登場以来一九八九年五月に一〇年を迎える。「英国病」の克服のため、自助と競争原理の導入によって、⑴所得減税（一九八八年四月は大幅）をはかり投資意欲を呼び戻す。⑵為替管理の全面撤廃など制限をなくす。⑶国営企業の民営化を進めるとともに補助金の大幅カットをはかる。⑷労働組合活動の抑制（遠藤敏也他『英国ビジネスガイド』有斐閣、一九八七）。つまり、自由経済と強いイギリスの復活をめざしている。特に、⑷は一九八四年三月から一年続いた炭坑スト後、全国鉱山労組は、七九年三七万人いた組合員が九万人に減少、伝統産業の衰退に拍車をかけたが、前述した進出日本企業との「ストなし協定」や組織切崩しも、英国労働界では、目の敵とされているのである。折からTUC（労働組合会議）が開かれていたが、労働党のモットーも“too young to die”とあったと記憶しているが、二重構造の進行に対する反発は避けられない勢いである。

最後に、上記サッチャー政権の施策(2)に関して私の経験を記して、本章を閉じたい。『高島炭礦史』のゲラをreal timeでロンドンシティー街にある三菱信託銀行に送ってもらうため、訪問しようとした。電話したところ、地下鉄bank駅から二分ぐらいのところで今建物を改修中だからすぐわかる、といわれた。ところが、シティーは、ありとあらゆるところで「改修中」であり、どれがどれやらわからない。表通りにないので、なおさらであった。つまり、高金利で海外から資金を呼び込み、経常収支悪化を補てんしようという政策は、成功したが、そのとばっちりを受けたのである。

公定歩合は一三%。大減税による空前の消費ブームで家を買った中間層は一五%の金利負担に泣くことになった。「日本人憧れのHampstead」に藤原啓行氏（国連職員、関東学院大学大学院出身）の下宿だった家を紹介され、快適な二カ月を過したが、このハムステッドでも、由緒ありそうな家、デザインのよい家は必ず、for saleやsoldの立札があり、売りに出しているのも、利子の高さが最大原因であろう。

イギリスでも、この"little payment, much saving"に危機感を抱いていたが、不動産・金融・証券が盛んで、乗用車・家電・精密機械を全部、日本ほか外国に頼り、つまり産業への国内投資がない状況は、健全とはいえない。そして、前掲書序文でA. ギャンブルもいう通り「このようなサッチャー主義は、諸外国にモデルと警告を提供している」。日本にとって、他人事ではない。

ブレッドさんも四四年住んだロンドンを離れて保養地で青いロベリアを植えて、余生を送っている。その花が奇麗なので種を送ってくれるように頼んだら、約束通り、煙のように細かな種が三月に送られてきたので撒いた。五月現在、それは緑のかわいい双葉を出して、すくすくと育っている。

第四章　アメリカからみる日本近代化

一　序――日本研究の各段階

アメリカの日本研究については、一九七〇年、宮本又次編『アメリカの日本研究』が出されている。第一編が概論で、第二編が各論であり、地域史、近代化論、日本経済論、経営史の四部から成っている。これは、概論を執筆された宮本教授の「経済成長あるいは近代化論の場合でも局面分析（phase analysis）の方法がとられ、段階分析（stage analysis）は必ずしも用いられていないと思われる[1]」という言葉を反映している。アメリカの学者は比較研究の方法を採用しており、経済発展の方法を定式化せず、局面分析で、そこに二者択一的な諸経路があることを認めているようである、とも教授はいわれている。

周知のように、前掲書出版一〇年前の一九六〇年、「近代化」（modernization）という概念は、アメリカの学者によって、わが国に持ち込まれた。日米新安保条約批准（六月二三日）直後で反米感情が支配的であった八月三〇日～九月一日、箱根での日米学者による「近代日本研究会議」（The Conference on Modern Japan）がそれである。アメリカ側は、近代化を、都市化・教育普及・官僚制など七項目の客観的現象から共通の基準を設定しようとした。しかし、日本側は、これにイデオロギーや評価を持ち込んだといわれる。

日本側会議参加者の一人、川島武宜氏は、民主主義という名称で呼ばれている社会的＝政治的体制をふくまないようないかなる近代化も意味がないと主張した。一方、アメリカ側に、このアプローチは受け入れられるものではなかった。というのは、J・W・モーリが回想するように、[2]民主主義の概念が、感情的な論争で混乱してしまい、近代化の概念自体がイデオロギー論争の墓地に葬られてしまうと感じられたからである。

一九三〇年前後に行われた日本資本主義論争から未だ脱却できていなかった、また、敗戦という大きな歴史的変動を体験して今こそ日本の近代化とは何かを問うとき、と考えた日本側会議参加者が、右のように考えたことは無理もない。アメリカの参加者によって、モーリによれば、「非決定論的な論述」も近代化については強力に行われてきた。したがって、日本の研究者と違って、必須の「発展」とか、かならずこういう「段階」（stage）を経るという叙述姿勢ではなく、「日本が経過した『局面』（phase）についてのべるほうを彼らはとった[2]」ためである。

このことは、アメリカの学者は、知的、経済的、政治的、社会的、文化的面を平行的・直線的に扱い、相互に両立しうるもの、と考えていたとみなされうる。これは、R・N・ベラーのように文化局面を不動と捉える一方、A・ガーシェンクロンのように文化よりも経済局面で理解する人びとがふくまれることになった。そして、箱根会議から五年後の一九六五年に刊行された近代日本研究会議の成果第一巻でJ・W・ホールは、次のように回想している。「複雑な様相をもつ、近代化の過程を全面的に、単一の、総括的な定式におしこめることの無理を認め、特殊と普遍のさまざまのレヴェルでの、定義を追求したのである[3]」。

そして、一九七〇年の武田清子編『比較近代化論』刊行と、七一年の近代日本研究会議の成果第六巻、J・W・モーリ編（原題）『戦前日本における発展のジレンマ』刊行によって、近代化論も新たな段階に入った。モーリは序説で、近代化の限定された価値中立的な定義を用いても、両大戦間の日本では、ある領域で近代化が持続される一方、他の領域では「逆行」した。経済上、政治上、外交上のジレンマの「あるものは国外での発展によってつくり出されたが、その大部分は近代化の過程それ自体から生み出されたのである」(4)とした。「失敗の原因は何であったか」を第六巻に寄稿したE・O・ライシャワーも、日本近代の「アンバランスな成長とその結果生まれる不安定の間には、かなり密接な因果関係があるように思われる」(4)という。日本の学者が嫌悪した封建制に、輝かしい日本の近代化が準備されたとしたライシャワーも政治的正常が真の経済成長をもたらす、というアメリカの学者たちの基本にある考えを、両大戦間の日本についてはは表明せざるを得なかったのである。

一九七九年、E・F・ヴォーゲル『ジャパン・アズ・ナンバーワン』という衝撃的題名の本が出版された。戦後の高度経済成長を経た日本は、アジアにおける自由主義陣営の模範としてアメリカが育成する対象どころか、アメリカのライバルとして立ち現れる。アメリカ占領終結後の日本経済成長の〝奇跡〟は、ハーヴァード・ビジネス・スクールが、経営史国際会議に来日したこともあるT・K・マックローを編者とする『アメリカ対日本』を一九八六年に出版、日本経済摩擦の回避に資そうとしたほどである。そして、九一年のソヴィエトの崩壊は、日本の学者も社会主義的近代化は放棄せざるを得ず、さらに九〇年に始まる日本のバブルの崩壊は、アメリカの学者に、政府と企業の協調による「日本株式会社」神話に疑念をもたせた。

本稿は、拙著、研究ノート(5)をもとに、アメリカの日本研究からみた経営近代化の問題を深化させようとしたものである。

二　価値体系―― phase analyses

今、アメリカの日本研究で重要な著書のみでリストを作成したのが、表「アメリカの日本研究」である。

このうち、リスト1～4までが日本研究の出発に大きな影響を与えたと思われる。E・H・ノーマン（リスト1）は、徳川期に形成された完璧な抑圧制度が、日本の近代化に封建的圧制として残ったとした。一九三〇年代の「講座派」の影響を受けているとされる。しかし、カナダ人宣教師の子として滞日、ハーヴァード大学燕京研究所で日本および中国を研究したかれの『日本における近代国家の成立』は、三一歳のとき一九四〇年出版であるが、三六年刊の「講座派」のバイブル・山田盛太郎『日本資本主義分析』は参照しておらず、亜流の小林良正や、平野義太郎程度である。むしろ、堀江保蔵『日本資本主義の成立』がよく引用されている。また、羽仁五郎の影響も、のちの著作に顕著である。かように、ノーマンの場合、経済過程の記述には矛盾した点も多く、これがかえって、アメリカ学者の日本研究導入書として、引用文献にかならず記載されるにいたったと思われる。

リスト2～4の影響の大きさは、アメリカの日本研究を決定づけた。

G・B・サンソム（リスト2）は、イギリスの外交官として滞日三〇年、戦後、コロンビア大学初代極東研究所長に招かれた。サンソムによれば、鎖国時代の徳川政体が高度に組織化されたユニークな文明をもっており、近代化を始めた明治初期についても、西欧諸国の資本主義発展と対比するかたちで政治・経済を日本についてみることは誤りである、とする。そして、コロンビア大学で教えた人類学者で詩人、R・ベネディクトは、日本文化の型として『菊と刀』（リスト3）を著した。実は、同書の原型は前年、「最も気心の知れない敵」日本を調べるよう、政府より依頼された報告（リスト39）である。その結果、西欧人の目に映る日本人の行動が、決して矛盾だらけでなく、首尾一貫した体系であり、何百年の歳月を経た感情であることを、彼女は理解したとした。「義理」「恩」「恥」など日本人のパーソナリティの発見は、中根千枝『タテ社会の人間関係』、土居健郎『「甘え」の構造』を生むことにもなった。日本的経営についての論議も、それと無縁ではない。しかし、「日本人の性格は」と一般論できめつけたこと、歴史的な見方に欠けていることなどは批判されている。一方、民俗学の目的は伝承だからと、歴史的見方の欠如を容認したり、方法論として確立されているベネディクトに匹敵する研究は、R・P・ドーア『都市の日本人』（一九六二年）だけという賞賛もある。(6)

E・O・ライシャワー（リスト4、29）は、宣教師の子として日本で生まれ、ハーヴァード大学教授として六〇年箱根会議メンバーであった。『自伝』の中で「日本人出席者たちは、過去百年の日本を襲った諸変化を基本的に肯定するアメリカ側の意見を聞いて、彼らが確信するマルクス主義史観への重大な挑戦と受け取った(7)」といっている。翌六一年駐日大使として日本へ赴任、『朝日ジャーナル』六四年九月六日号に載った「日本歴史の特異性」（『日本近代の新しい見方』所収、リスト4）は、日本知識人の総反発を買った。ライシャワーは、日本封建制の集団的な指導方式を、中国の中央集権的な強力なそれと違うとし、そこから、中国の近代化失敗に対し、西欧と日本のみが近代化に成功したとしたので「私自身……忌むべき近代化論の父」とされてしまった、と回想している。

経営近代化を考える場合、文化や価値体系に合理化の方向が存在していることが必要である。ベラーの著書（リスト5）は、「日本の宗教における合理化傾向が、日本の経済的あるいは政治的合理化にどのように貢献したか(8)」を研究目的として、箱根会議より前に刊行された点に意義がある。というのは、ベラー「近代日本における価値意識と社会変革」（『比較近代化論』所収、以下、後稿）は、前著の補論としての価値はあるが、箱根会議を意識しすぎた印象を受けるからである。
ベラーは、タルコット・パーソンズが経済的合理性に対比しうる政治的合理性が存するとした点を、援用した。「政治価値に対して高度の関心をもつ社会は、権力がしだいに普遍化し、相対的に伝統的な規制から解放されて、ただ合理的な規範によってのみ支配されるような状況を生みだすことになる」[8]というわけである。「価値体系」の項でのベラーの説明は、次のようである。徳川時代の日本では、個別主義(particularism)が普遍主義(universalism)に優先した。たとえば、家長・封建領主・天皇など、いずれも象徴的に重要な集合体の代表者に対して、一人びとりの個別的な結びつきは「忠誠」として表される。というのは、集合体の長が実際の行政機能を下部の者に委ねてしまった結果である。したがって、武士も農民も職人も商人も、体系「維持」よりも「目標」の遂行に関心を向ける。集団に求められる「調和」も、一人びとりの個別主義からくる忠誠であって、普遍主義ではない。したがって、経営理念で要求される動機づけで重要な社会化の過程で「集団の諸価値が個人のパーソナリティの一部となったのであり、それらの価値と同調することが個人のパーソナリティの内面的要求となるのである」[8]。アメリカでは、経済価値が第一義的であり普遍主義的態度がみられるが、日本では、政治価値の優位性を特色としている。それを促進したのが徳川期の宗教である、とした。

宗教が、日本における政治的経済的合理化の過程で重大な役割を演じた。その理由は、必要とされる政治的革新に対して動機づけと正統性を与え、勤勉と倹約というマックス・ヴェーバーのいう世俗内禁欲主義倫理を強化したためである。日本では、神道は個別的忠誠、儒教はそれを弱めるどころか強化、仏教は滅私と禁欲主義で武士の忠誠に影響した。ベラーにとっては、神道、儒教(これは宗教ではないが)、仏教の違いよりも、それらが日本人の機能的生活において三者が統一されている点を、後稿においても強調する。[9]神道は「王政復古」の説明に、儒教を政治的合理化の柱としているが、ベラーの仏教に対する理解は貧弱である。ヴェーバーとの関係で理解したければ「禁欲」に注目するだけでは不充分で、「致富」の正当性を容認する仏教の派はどれか、まで究めなければならない。通説の農民・職人に支持された浄土真宗をとっているが、筆者（小林）稿「住友の誕生」[10]では町人に支持された法華宗をとる。

こうして、後稿でベラーは、アメリカは個人主義と官僚制のゲゼルシャフト、日本・ナチ・共産社会は分化がないゲマインシャフトであり、特に日本はムラ社会で、「もし西洋の挑戦がなかったならば、日本における近代化はなかった。」[11]と断定する。すなわち、前著で展開した、徳川社会が近代化の受容に適応できる社会と確認しつつも、自ら創造的に近代化の過程を始めるための文化的資力には欠けていた、とするのである。

ベラーが徳川社会で行った価値体系の問題を明治日本の企業者活動（entrepreneurship）でみたのが、J・ヒルシュマイアであった（リスト6）。規律感・忠誠心・公共意識・国民的連帯意識などの封建時代から受け継いできた国民性、それが、開港後の日本人の後進性自覚から〝感情の新規まきなおし《ニューディール》〟（ガーシェンクロン）を惹きおこす。明治日本が後進諸国に与える教訓とは、「資本は利用できる形態できちんと準備されている必要はないのであって、発展にとってもっとも重要な資源は、成功への意志である」[12]と結論した。

当時入手し得る低いレベルの文献で成稿したためもあり、経済過程の叙述には首をかしげるものがあるが、「企業者」を初めて問題とした点は評価できる。序説の中で、この企業者を「産業、商業あるいは金融の分野における、なんらかの意味で優越した近代的タイプのあらゆるビジネスマンを示すために用いる」[12]としている。五〇人の代表的企業者をマクロ分析およびミクロ分析の中間でとりあげるが、伝記の積み重ねでない、一定の結論を出す必要がある、とした。「ある意味で明治の企業者はすべて政商であった」という見地から検討した。五〇人について、こう結論した。かれらは武士・農民・商人各階層から驚くほど均等に出ている。それは、幕末の社会に作用していた政治的・思想的な諸力が企業者を生み出したので、一階級に特有な社会経済力は企業者の生涯に二次的な影響しか与えない。こうして、土屋喬雄『日本資本主義の経営史的研究』(一九五四年)以来の、財閥創業者は武士ないし準武士出身である、という通説も打破した。

ただし、ヒルシュマイアは、過去の伝統や特権、故郷のきずなからの「断絶」を強調しすぎた。また、「町人」が、「商人」という概念でしか理解されていない。拙著『政商の誕生』で述べたように、政商は、誕生地を実地調査すると、城下町の商工業者(町人)で知的好奇心旺盛な新興の「限界領域の人」(marginal man)で、故郷のきずなを大いに利用した比較的低くない階層出身者が浮び上がってくる。[13] もっとも、ヒルシュマイアが指摘する一八四〇年以前に生まれた政商＝財閥創業者グループは、維新を多感な三〇歳前後で迎えたため、国益優先のナショナリズムの感情が強かったという点は認められる。一八四〇年以降生まれたグループは、三井に入った中上川彦次郎に典型的なように、近代知識をもつ専門経営者として、冷徹な合理精神で官僚の庇護や財閥家族の制肘から脱して、経営近代化に努めたのである。

さらに、ヒルシュマイアは由井常彦氏と(原題)『日本企業の発展、一六〇〇—一九七三』を著し、日本の封建制は均質で士農工商の差は限界的なものにすぎず、統合された価値体系が支配しており、それが近代に持ち込まれた。(ベラーと異なり)日本の倫理は宗教に起源をもつものではない。ただし、「報恩」の観念から近代にも「役割期待」が残るとした。なお、由井氏は、ベラーが商人倫理とした石門心学を、現代まで見通した著書を刊行した。[14]

経営近代化を、明治維新から太平洋戦時下まで追ったのはB・K・マーシャル(原題)『戦前日本の資本主義とナショナリズム——ビジネス・エリートの理念、一八六八—一九四一』(リスト10)である。日本には経済的個人主義は根付かず、士農工商の価値体系が残存したとする。福沢諭吉は経済的個人主義が行われなければ「立国富強」はあり得ないと説き、田口卯吉はもっと過激であった[15]。しかし、儒教倫理を説いた渋沢栄一が財界に大きな影響を与えたことは知られている。結局、国家に対する愛国的献身が、日本のビジネスマンのとる正しい企業者活動の動機となった[16]。職員に限定された終身雇用制も、第一次大戦後には生産的労働者層へ拡大された。同書のメリットは、むしろ、一九三〇年に財界が右翼の攻撃を受けたとき、初めて経済的個人主義擁護の重要性にめざめたこと、同様、筆頭常務理事池田成彬が国家統制に反対しようとしたとき、三井の明治年間における国家協力を指摘され、黙らざるを得なかった歴史の皮肉が述べられている点にある。

さて、ライシャワーは教育も資源と考え、日本の教育の重要性は、日本研究の重要テーマであるが、H・パッシン（原題）『日本の社会と教育』（リスト16）は、次のような内容である。徳川期の寺子屋、郷学、幕藩の高等教育機関が小・中・高という近代教育の起源とし、明治に入り洋学が公然と取り入れられると、国学者と儒学者が手を結び洋学に対抗、政府は大学を閉鎖するトラブルも起こった。一九〇〇年まで公立小学校も無料ではなかったので就学率は低かったが、国家主義は小・中学校を通じて行われ始めた。戦前のエリート教育については、進学率の増大で激化、この学歴尊重主義は、官僚エリートと民間エリートが政党内も支配するため、「日本の政治の分極化が外見に反し、その実さほど深刻でも、相いれないものでもない理由は一つにはこの点（超党派的な点――引用者）にあるのかもしれない[17]」。

J・C・アベグレンは、（原題）『日本の工場』（リスト14）で大阪の松下電器などについて、終身雇用や年功序列といった日本的経営の存在を紹介してきた。一九五八年である。そして、一〇年後も同じ企業で調査し、『日本経営の探求』を日本で出版、やはり、これらは存在していたとした。そして八五年、G・ストークとの共著『カイシャ』（リスト36）で、より精密に企業戦略を紹介、日本企業は、一般に企業利潤よりシェア争いに血道をあげているとした。

三　日本の奇跡——stage analyses

戦後の急速な経済成長は、まさに「日本の奇跡」と呼ばれるにふさわしい。しかし、それを、前節でみたような日本人のパーソナリティから説明するのではなく、経済過程に求められるとする研究を、以下みることにしたい。

W・W・ロックウッド（原題）『日本の経済発展——成長と構造変化、一八六八—一九三八』（リスト12）は、経済の分野では一九五四年という早い時点の刊行で、大きな影響を与えたと思われる。A・ガーシェンクロンへの献辞もある。国家と企業（第一〇章）を設けることで政府の役割を強調し、一九六八年の増補版では補章"Japan's New Capitalism"で、日本は北米、西欧とともに自由世界の三本の柱となったとしている。[18]この補章はロックウッド編（原題）『日本の政府と企業』を題名とする近代日本研究会議の成果第三巻（リスト13）に寄稿したものである。

なお、右『政府と企業』で邦訳されていないD・S・ランデス"Japan and Europe"は、長州をアテネ、薩摩をスパルタになぞらえ、両者の傑出が幕府崩壊後の明治国家を支えたとした。[19]ヒルシュマイア「渋沢栄一・産業のパイオニア」、箱根会議出席者堀江保蔵「明治日本の近代的企業者活動」大来佐武郎「現代日本の地方政策」両氏の寄稿もみられる。T・C・スミス（原題）『日本における政治変革と産業発展、官業事業　一八六八—一八八〇』（リスト7）は書評したことがあるが、[20]官業払下げの原因を、財政的原因のみにおき、「受け皿」（企業者）の問題に関説していない。むしろ、スミスが農村を扱い（リスト8）、徳川期農村の流動性、日本工業化の過程での商業的農業と賃労働の経験を積んだ優秀な労働力が都市へ流れていったことの評価などは注目される。J・I・ナカムラの著書（リスト

21）は、前掲第三巻寄稿分が一〜五章にあてられ、日本農業はアジアのモデルにならないほど高い生産性をもつとした。

『日本における資本形成』（リスト9）の著者H・ロソフスキーは五九年「公共部門の役割」を副題とする同名の論稿を書いていた。同書で農業をふくむ在来産業の外貨獲得能力が、近代工業の輸入をもたらす指摘や、一八八〇年まででは官業が直接の役割を果たし、廃止（払下げ）されても政府投資比率は高い。民間投資の主要決定が軍事要素であることを、数量分析した。本稿の結びで取り上げる、ガーシェンクロン・モデルを問題にしている。かれ自身、指導を受けており、箱根会議の参加者でもあった。

日本の経済発展と西欧モデル（第四章）の最後で、[21] 日本は産業社会発展の西欧モデルからみると、はるかに前産業的、非産業的で、何もかも新しく導入された。しかし、日本の労働者は新技術にスムーズに対応できたことが、他の後進諸国より優れた点であった。そして、ガーシェンクロンが後進国ではそれに適応しうる労働は高価で、資本集約的投資を必要としたという点は、同モデルの最大の弱点であると批判した。北欧とドイツをみる限り、その事実はなく、ロシアに適用されるだけだとする二人の研究者の論稿を引用している。そして、ガーシェンクロンの示すロシアのパターンを日本と比較、ロシアも日本も国家の軍事的要請が発展促進要因となっているが、ロシアとの違いは、日本はロシアの「気まぐれさ」（jerkiness）と違い、半世紀続く軍事的圧力が平均的であったためと、経済の二重構造からくる弾力性のため危機が顕現しなかっただけで、第二次大戦という大きな犠牲を払って、一挙に危機が噴出したとした。

なお、一九七八年経営史国際会議は「政府と企業」を取り上げ、英・米・独の学者を招き開催された。中川敬一郎教授は、“A Comparative Approach”で、不平等条約下、日本の政府は保護者として現れたが、みずから生産者にならず、消費者の役割を果たしたこと、企業は個人主義の未発達からみずからの事業を〝国事行為〟と考えたとされた[22]。マックローは〝Regulatory Agencies in American History〟を報告した。

ジャーナリスティックな面では、ヴォーゲルが今度は*Comeback*を一九八四年に出版した[23]。後継、C・ジョンソンの研究にみられるように、日本の国際競争力は、官民一体の対応という国益の明確化や、業界内も共通の利益のために一体化する点に求めた。アメリカでは、エリート官僚に干渉権限を与えることは民間企業は受け入れ難いし、全産業にわたる産業政策策定もできないとしている。では、アメリカとの違いに留意した、次の著書を紹介しよう。

C・ジョンソン『通商産業省 MITI (Ministry of International Trade and Industry) と日本の奇跡』(リスト35)は、戦後日本発展の奇跡の原因は、経済についての政府と民間部門の協調が西欧、社会主義国、後発国との大きな違いであるとした。第三章では、拙著『日本の工業化と官業払下げ――政府と企業――』の引用もあるが、ある程度独立して発展してきた「企業」を捉えて、それに「政府」が援助する。それが、官業払下げをふくめて、わが国工業化のパターンであり、「官僚」の役割であるとした筆者(小林)の考えからも、ジョンソンの研究方向は賛成である。もちろん、明治期日本の工業化を本書は対象としているのではない。一九二五年商工省設立[24]以降、七五年までを対象としているが、戦前と戦後の結びつきの重視もよい。

日本の奇跡は、一九六二年九月、イギリス誌『エコノミスト』の〝驚くべき日本〟特集がきっかけである。アメリカでも、ハーマン・カーン『超大国日本の挑戦』(一九七〇年)、そして、『ジャパン・アズ・ナンバーワン』で決定的となった(もっとも同書が出版された七九年、筆者はミネソタ大学におり、マーシャル(リスト10の著者)に評判を聞いたが、アメリカ人はだれもそう思っていない。副題〝*Lessons for Americans*〟が主題だという答えが返ってきた)。

この「奇跡」を稟《りん》議制(rolling consensus)その他の日本的経営や日本株式会社(Japan, Inc.)などの環境による

situational 動機《モチベーション》だけで説明し、政府の重要性を無視する動きがある。こういう文化から説明する方法は、ベネディクトからきており数年前までは多用された。しかし、韓国、台湾、香港などが急速な発展をすると、文化で説明するのは困難である。日本の文化は、これらの国と違うし、研究の余地があるからである。

ヒュー・パトリック（Hugh Patrick）がいうように〝ミラクル〟でなく〝ノーマル〟な市場原理で政府の役割が強調されるべきで、政府は助成的（supportive）であるべきで、何をすべきか知らせずに環境づくりする以上のことをすべきではない。

同じ民主国として日米に発展原因の違いはないという考えもあるが、㈠予算決定のプロセス、㈡金融システム（日銀主導）、㈢日本的経営、㈣軍事支出がない、アメリカへの「ただ乗り」などがある。㈢には終身雇用・年功序列・企業別労働組合の「三種の神器」のほか、天下り、系列、二重構造などがあるが、アメリカ企業が三種の神器のうち、たとえば終身雇用を取り入れたら、破産するであろう。㈣は軍事支出が高い韓国や台湾が示している高度成長を説明できないので、正しくない。

では、政府の経済成長政策についての日米の違いはどうか。維新後の日本政府は「富国強兵」の旗印のもと合理的発展志向国家（plan-rational state）、ところが同じときアメリカは規制的・合理的市場志向国家（regulatory, marketrational state）である。日本は〝欧米を追い越せ〟をスローガンに殖産興業、生産力拡充、輸出振興、完全雇用、高度成長など plan-rational で一貫し、ようやく一九七〇年代 regulatory になるが、未だに plan-rational な性格を残している。

「許認可権」保持をふくめて政策決定は、優秀な経済官僚が行うが、アメリカでは専門法律家が中心である。日本の通産省にあたるのは商務省でなく国防省（Dept. of Defence）、「日本株式会社」にあたるのは軍産複合体（military-industrial complex）で「例外」と、米国民は考えている。日本の〝産官協調〟はなく、あくまで議会がコントロールする。アメリカの market-rationality が日本の plan-rationality より優れている点は、㈠能率、㈡公害への対応、㈢plan-rational は高い目標を達成するとき社会のコンセンサスを得ているから効率的である。しかし、ニクソン・ショック（一九七一年）や石油危機（一九七三年）など突然の重大事件には market-rational のほうが向いている。㈣エリート官僚と議会の、どちらの意思決定を尊重すべきか。この点、日本はアメリカの高官の言のみに信をおき、アメリカは日本の官僚よりも議会を重視する傾向がある。

結局、両者の違いは経済学者がリーダーシップをとるか（market-rational state）、ナショナリスティックな政治官僚がとるか（plan-rational state）である。一八六八年から始まる日本の合理的・発展的プランに立つ政府は、賢明にも産業を国有せず、財閥と緊密な関係をもって産業発展に成功した。大企業と中小企業（二重構造）が生まれたが、より大切なことは競争原理を plan-rational state に持ち込んだことである。そして、戦後、財閥解体や農地改革があった。しかし、官僚の的確なプランは貫徹、政府は直接指示しないが、企業はそのサインをキャッチして動いた。政府と関係なく発展した企業（ソニー、ホンダなど）もあるが、その数は多くはない。

そして、産業合理化運動、産業構造改革などは一九二〇年代からスタートしており、五〇年代に開花した。戦後、通産省が一九五七年出版した『産業合理化白書』によると、日本産業の合理化の遅れは、次の順序で克服されるべきだとしている。㈠企業合理化—新技術導入、品質管理など、㈡企業環境合理化—土地・水・地方、㈢公正な競争やカルテル、㈣国際競争に耐えうる産業構造（ただし、ロー・コストで企業が克服してしまったので、一九六〇年以後は㈣の必要はなくなった）。

大川・ロソフスキー共著（リスト25）は、企業の投資決定は近時における生産比率やコストからくる利潤率のみという。また、通産省が、コストを考えないで重化学工業育成にのりだした点に批判的な学者もいる。しかし、政府の、(日本人のいう)〝育成〟(nurturing)は、日本の産業政策の始めから出現しており、戦後も通産省によって継承されているのである。

こうして、ジョンソンは最終章"A Japanese Model?"において、次のように述べる。

日本の成長は、特定の個人や政党の思い付きに帰せられるものではない。一九二七年の恐慌から一九七三年の石油危機に終わる、そのときどきのどの国も経験しないもっとも困難で状況に応じた適宜な判断からもたらされたものである。日本人の誰もが、この間、戦争も貧困も同じように経験してきた。日本が先行できた(priority)のは、決して社会組織や日本文化や島国意識からもたらされたものではなく、合理性(rationality)からきたものである。日本がおかれた資源不足・過剰人口・貿易の重要性などはどの国でもあることだが、一九五〇年代、六〇年代のあの状況におけるナショナリズムに立つ重要問題の克服態度はまねできない。政府は今も、海外投資、貿易黒字など重要課題をその状況における経済育成の立場で常に考えている。

もちろん、アメリカ占領による日本経済体制の変更も大きいが、発展する国は、戦前の一九三〇年代、四〇年代の経験を生かすのである。アメリカも、ニュー・ディールが戦後政策の源流となっている。日本の商工省が戦後の通産省に継続されたのは歴史的・組織的どころか伝記的(biographical)ですらある。戦時中の官僚が、戦後の大臣や長官となって経済成長を指揮した。しかし、通産省でも七〇年代、世代交代が行われ戦中経験者はいなくなった。

経済発展は、官僚と民間企業との連携となった。政府主導カルテルに反対した住友金属(一九六五年)、自動車産業(合併統合反対)など例外はあるが、[25] 一九四〇年代末は政府優位だったものが、七〇年代初めは企業優位となるが、政府は市場を必要とし、企業は政府を必要とする。日本の産業政策の強さは、その状況をカバーする法律制定なしに混乱を収拾する。八幡・富士合併のとき、法律はきびしく適用されたが、短く、きわめて総括的（highly generalized）でアメリカのように複雑ではない。

アメリカは利潤動機が優先するので、トップのサラリーは高い（ソニー本社社長より米国ソニー社長のほうが高給）。結果として日本企業の労使関係は上下の格差がなく、スムーズである。といって、アメリカ経営者の給与を減らしても、株式市場を通じて動くアメリカン・システムには、その節約は何ほどの影響も与えないであろう。

以上、ジョンソンは日本研究のT・C・スミスやH・ロソフスキーなど経済学者、A・スカルピノのような政治学者を出したカルフォルニア大学教授で、巻頭に「この問題のパイオニア、W・W・ロックウッドを記念して」とある。日本の官僚の多くが法学部出身ゼネラリストで同窓（old boy）ネットワークで、大企業トップと考え方にあまり違いがない点を、政治家従属型のアメリカ官僚と対比した。「本書で明らかにしたかったのは……文化にみられる相対的に変化しないものではなく、異なった歴史的環境や政治意識の変化がありながら、一九三〇年代よりも五〇年代により多くのコンセンサスと協調がみられる[26]」というとおりの論理展開を示している。

四　結論——経営近代化の方法

局面分析研究を「価値体系」で代表させ、段階分析研究を「日本の奇跡」で代表させて述べてきたが、最後に、中川論稿、ガーシェンクロン論稿をふりかえり、方法について一定の結論を出しておきたい。

中川敬一郎教授は、一九六〇年三月、ハーヴァード・ビジネス・スクールで研究を終え帰国、「十九世紀イギリス経営史の基本問題」を六一年一月発表された[27]。同稿は「ある種の組織・形態・構造が創造的な役割を果たしたこと、まさにその故に、それが固定化し、次の時代における創造的な活動を制約する」ということをテーマとした。現在の先進資本主義国にも適用できる経営史の展開点に立つ重要な論稿であった。さらに六二年一一月、ガーシェンクロン・モデル（リスト18）をわが国に紹介された。㈠急速な工業化、㈡重工業部門の早期発展、㈢当初から大規模企業、㈣非自生的発展、㈤工業化の理念など、後進国は先進国に比して、技術的にも資本的にも急速な経済発展のための条件を海外に恵まれている。したがって先進国を抜きうるという。これは飛び越し理論であり、わが国の論争が、イギリスを先進国のモデルと考え、それからの遠近のみのいわば段階論を基底に行われてきたのと大いに異なる提起であった。

右「後進国の工業化過程における企業者活動」を教授が『比較経営史序説』に再録した際、ガーシェンクロンの所説と執筆者見解の区別を明確にしていなかったとされ、モデル㈡の日本への適用は「楽天的にすぎた」。また、㈢については、ガーシェンクロンは補完的過程として強調している旨の補注をされた。筆者（小林）も㈡については、ノーマンのいう「工業の発展順序が逆転」（＝山田盛太郎「軍事機構＝キイ産業の技術的世界水準凌駕」）に連なり、事実誤認を招くと感じられた[28]。わが国の場合、むしろ、順序正しく、軽工業より重化学工業へ進んだ。また、ガーシェンクロンの「後進国」はドイツやフランス、せいぜいロシアが対象であり、後掲論稿が出るまでは、説得的ではなかった。日本郵船について浩瀚な著書があるW・D・レイ（リスト38編者）は同編著“Afterword”の中で、このガーシェンクロン・モデルを、日本の非マルキストの歴史家は従来の段階論を越えたものとして歓迎した。一方、外国の研究者が「講座派」の本質を考えず、このガーシェンクロン理論から日本の後進性を肯定していることに警告を発している。

アメリカの日本研究

1. E. H. Norman, *Japan's Emergence as a Modern State*, New York, 1940.
(『日本における近代国家の成立』、大窪訳、岩波現代新書、1953。『ハーバート・ノーマン全集』第一巻、1977 に再録)
2. G. B. Sansom, *The Western World and Japan*, Cresset Press, 1950. 同『世界史における日本』岩波書店、1951。
(『西欧世界と日本』(上・下)、金井他訳、筑摩書房、1966。)
3. Ruth Benedict, *The Chrysanthemum and the Sword-Patterns of Japanese Culture*, Boston, 1946.
(『菊と刀——日本文化の型——』、長谷川訳、社会思想社、1948、同文庫、1967。)
4. E. O. Reichauer『日本文化の新しい見方』、講談社現代新書、1965。
5. R. N. Bellah, *Tokugawa Religion: The Values of Pre-Industrial Japan*, New York, 1957.
(『日本近代化と宗教倫理』、堀・池田訳、未来社、1966。)
6. J. Hirschmeier, *The Origins of Entrepreneurship in Meiji Japan*, Harvard U.P., 1964.
(『日本における企業者精神の生成』、土屋・由井訳、東洋経済新報社、1965。)
7. T. C. Smith, *Political Change and Industrial Development in Japan: Government Enterprise 1868-1880*, Stanford U.P., 1955.
(『明治維新と工業発展』、杉山訳、東京大学出版会、1971。)
8. T. C. Smith, *Agrarian Origins of Modern Japan*, Stanford U.P., 1959.
(『近代日本の農村的起源』、大塚久雄監訳、岩波書店、1970。)
9. H. Rosovsky, *Capital Formation in Japan, 1868-1940*, Free Press, 1961.
(「戦前日本の資本形成」(部分訳)、佐野他訳、『社会経済史学』28 巻 2 号、1962。)
10. Byron K. Marshall, *Capitalism and Nationalism in Prewar Japan: The Ideology of the Business Elite, 1868-1941*, Stanford U.P., 1967.
(『日本の資本主義とナショナリズム』、鳥羽訳、ダイヤモンド社、1968。)
11. N. B. Jansen ed., *Changing Japanese Attitudes toward Modernization*, Princeton U.P., 1965.
(『日本における近代化の問題』、細谷編訳、岩波新書、1968。)
12. W. W. Lockwood, *The Economic Development of Japan: Growth and Structural Change 1868-1938*, Princeton U.P., 1954.(増補版、1968.)
(『日本の経済発展』(上・下)、中山伊知郎監訳、東洋経済新報社、1958。)
13. W. W. Lockwood ed., *The State and Economic Enterprise in Japan*, Princeton U.P., 1965.
(『日本経済近代化の百年』(ただし、部分訳)、日本経済新聞社、1966。)
14. J. C. Abegglen, *The Japanese Factory*, Free Press, 1958. 同『日本経営の探求』東洋経済新報社、1970.
(『日本の経営』、占部都美監訳、ダイヤモンド社、1958。)
15. R. P. Dore, *Land Reform in Japan*, Oxford U.P., 1959.
(『日本の農地改革』、高林他訳、中央公論社、1959。)
16. Herbert Passin, *Society and Education in Japan*, Columbia Univ., 1965.
(『日本近代化と教育』、国弘訳、サイマル出版会、1969。)
17. W. W. Rostow, *The Stages of Economic Growth : A Non-Communist Manifesto*, Cambridge U.P., 1960.
(『経済成長の諸段階』、木村他訳、ダイヤモンド社、1961。)
18. Alexander Gershenkron, "Economic Backwardness in Historical Perspective," *The Progress of Underdeveloped Areas*, ed. Best F. Hoselitz, Univ. of Chicago Press, 1952.

19. M. Weiner ed., *Modernization: The Dynamics of Growth*, Basic Books, 1966.
(『近代化の理論』、上林他訳、法政大学出版局、1968。)
20. 武田清子編『比較近代化論』、未来社、1970。
21. J. I. Nakamura, *Agricultural Production & the Economic Development of Japan, 1873-1922*. Princeton U.P., 1966.
(『日本の経済発展と農業』、宮本又次監訳、東洋経済新報社、1968。)
22. J. W. Hall & M. B. Jansen ed., *Studies in the Institutional History of Early Modern Japan*, Princeton U.P. 1968.
(『徳川社会と近代化』、宮本・新保監訳、ミネルヴァ書房、1973。)
23. J. W. Morley ed., *Dilemmas of Growth in Prewar Japan*, Princeton U.P., 1971.
(『日本近代化のジレンマ』、小平・岡本監訳、ミネルヴァ書房、1974。)
24. Dept. of Commerce, *Japan, The Govenment-Business Relationship*, 1972.
(米商務省報告『日本株式会社』、中尾訳、毎日新聞社、1972。)
25. Ohkawa Kazushi & Henry Rosovsky, *Japanese Economic Growth: Trend Acceleration in the Twentieth Century*, Stanford U.P., 1973.
26. David A. Titus, *Palace and Politics in Prewar Japan*, Columbia U.P., 1974.
27. Dan F. Henderson, *Foreign Enterprise in Japan: Laws and Politics*, Tuttle, 1975.
28. J. Hirschmeier & T. Ui, *The Development of Japanese Business, 1600-1973*, Harvard U.P., 1975.
(『日本の経営発展――近代化と企業経営――』、東洋経済新報社、1977。)
29. E. O. Reischauer, *The Japanese*, Tuttle, 1978. 同『ザ・ジャパニーズ・トゥディ』(福島訳、文藝春秋、1990。)
(『ザ・ジャパニーズ』、国弘訳、文藝春秋、1979。)
30. Rodney Clark, *The Japanese Company*, Yale U.P., 1979.
31. Albert M. Craig ed., *Japan: A Comparative View*, Princeton U.P., 1979.
32. E. F. Vogel, *Japan as Number One—Lessons for Americans*, Harvard U.P., 1979. (『ジャパン・アズ・ナンバーワン――アメリカへの教訓』、広中他訳、TBSブリタニカ、1979。)
33. M. B. Jansen, *Japan and Its World—Two Centuries of Change—*, Princeton U.P., 1980.
(『日本――二百年の変貌――』、加藤訳、岩波書店、1982年。)
34. Abegglen et al., *U.S.-Japan Economic Relations*, Berkely: Univ. of California, Institute of East Asian Studies, 1980.
35. Chalmers Johnson, *MITI and The Japanese Miracle: The Growth of Industrial Policy, 1925-1975*, Stanford U.P., 1982.
(『通産省と日本の奇跡』、矢野俊比古監訳、TBSブリタニカ、1982。)
36. J. C. Abegglen & G. Stalk Jr., *Kaisha*, Basic Books, 1985.
(『カイシャ』、植山訳、講談社、1986、同文庫、1990。)
37. Thomas K. McCraw ed., *America versus Japan: Conclusions and Implications*, Harvard Univ., Graduate School of Business Administration, 1986.
(『アメリカ対日本――日米経済の比較研究――』、東苑・金子訳、TBSブリタニカ、1987。)
38. William D. Wray ed., *Managing Industrial Enterprise: Cases from Japan's Prewar Experience*, Harvard U.P., 1989.
39. Ruth Benedict, *Report 25: Japanese Behavior Patterns*, 1945.
(『日本人の行動パターン』、福井訳、日本放送出版協会、1997。)

そのガーシェンクロンが一九六六年、「企業家の近代化」を寄稿した。(29) ここでは、企業者とは意思決定できる人物で経済史上、いつの時代でも存在するシュンペーターの「革新者」であり、技術と組織の進歩と切り離せない。ところが、近代的工業化については、ロストウ(リスト17)もマルキストも「前提条件」が必須と説いた。では、近代的企業者活動の条件はヴェーバーのいうプロテスタンティズムか。ある思考習慣が存在している国はともかく、それを必然的必要条件まで拡げることは危険である。社会的要因や心理的要因から必然的条件を作りだすのも疑問がある。パーソナリティは生後四、五年の幼児の育て方の産物であるといわれる。

こうして、ガーシェンクロンは、後進国ほど工業化の必要条件とみなされる要素は少ししか存在しない。だが、企業者活動の根が弱いか全然存在しない国は工業発展は起こらないと考えることは危険であり、代替物の発見によって、経済過程から企業者は作られるとする。

かように、ガーシェンクロンの後稿は、より過激に文化面の(五)工業化の理念は切り離したが、企業者を浮上させた。しかし、G・レニスの日本は「共同体中心の企業者」論(30)はもちろん、ジョンソンの「官僚」論にも賛成しないであろう。価値体系を固定的に考えると経済変動に対応できず、経済変動だけでは経営近代化は時差概念に終わってしまう。かくて、中川教授のいう「その経済過程が要請する企業者性能の内容を検討し、それとの関連において、個々の企業者活動を理解すること」(31)しかない。つまり、局面分析の方法、あるいは段階分析の方法だけでは、企業者活動は出てこないことを知るべきであろう。

それにしても、ベラーは、徳川期の政治過程から宗教に「合理性」をみいだし、近代化論につなげた。そして、ポスト近代化論としてジョンソンは、戦前・戦後経済過程から政府と企業の共同提携の中に「合理性」をみいだした。わが国は、plan-rational から market-rational に変換することで「経営近代化」へ向う必要があり、「合理性」が存在し続けたという認識から、それは可能であると考える。

注

（1）宮本又次編『アメリカの日本研究』東洋経済新報社、一九七〇年、七六頁。
（2）J・W・モーリ編『日本近代化のジレンマ』ミネルヴァ書房、一九七四年、三、七頁。
（3）M・B・ジャンセン編『日本における近代化の問題』岩波書店、一九六八年、一八頁。
（4）モーリ編、前掲『日本近代化のジレンマ』三一、二七八頁。
（5）『アメリカの日本近代化論』、「続同」『経済系』第一八一、一八五集、関東学院大学、一九九四年一〇月、一九九五年一〇月。
（6）南博『日本人論の系譜』講談社、一九八〇年、一六六―一八七頁。
（7）『ライシャワー自伝』文藝春秋、一九八七年、二三七頁。
（8）ベラー、（原題）『徳川の宗教』三二、三六、六七頁。
（9）武田編、前掲『比較近代化論』一二三頁。
（10）浄土真宗―農民、法華宗―町人、禅宗―武士が社会基盤と考えられる。浄土系と違い法華（日蓮）系は現世で浄土が感得されるとした。住友創業者政友は理論的に法華宗に近い涅槃《ねはん》宗僧侶、還俗し二代友以のとき大坂で冶金へ進出、真宗の支配下で他宗を嫌ったので友以は葬儀を先ず真宗で行い、大坂町人憧れの本門法華宗の久本寺に改葬される。拙著『政府と企業』白桃書房、一九九五年、第一章参照。
（11）武田編、前掲『比較近代化論』一三八頁。
（12）ヒルシュマイア、前掲書、二四八、七頁。
（13）拙著『政商の誕生』東洋経済新報社、一九八七年、序章参照。
（14）由井常彦『清廉の経営』日本経済新聞社、一九九三年、参照。間宏『経済大国を作り上げた思想』文眞堂、一九九六年も。
(15) 政府政策批判からみた福沢と田口の違いは、拙著『日本の工業化と官業払下げ』東洋経済新報社、一九七七年、三九—四八頁、参照。
(16) B. K. Marshall, *Ibid.*, pp.114-116.
(17) パッシン、前掲書、一七九頁。
(18) *Ibid.*, p.668.
(19) *Ibid.*, pp.93-182.
(20) 拙稿『経済系』第九二集、一九七二年七月。
(21) *Ibid.*, pp.102-104.
(22) K. Nakagawa ed., *Government and Business*, Univ. of Tokyo Press, 1980, pp.213-232. なお、コメント森川英正氏、筆者(小林)の報告も所収。マックローの報告は、アメリカの一八六九—一九七七年を扱い、政府規則には経済タイプと社会環境タイプがあるが、石油危機以降、大衆は独占企業規則から農業・衣料産業・建設業規則を求め出したとした。
(23) ヴォーゲル『ジャパン・アズ・ナンバーワン再考』上田惇生訳、TBSブリタニカ。
(24) 同年三月三一日。通商産業省の設立は一九四九年五月二五日。
(25) 米商務省報告(リスト24)および、拙著『政府と企業』第五、六章(戦後日本の経営理念)も参照。
(26) *Ibid.*, p.313
(27) 中川敬一郎『イギリス経営史』東京大学出版会、一九八六年所収。
(28) ノーマンの「順序」のロソフスキーによる批判は *Capital Formation in Japan*, pp.100-101. なお、拙著『八幡製鉄所』教育社、一九七七年、巻末「研究史」も参照。
(29)『近代化の理論』(リスト19)所収。
(30) 前掲『アメリカの日本研究』で瀬岡誠氏が紹介。
(31) 前掲『比較経営史序説』、七二頁。

第五章　「日本近代化論」再考――英米研究者のみる日本的経営――

はじめに

「近代化」（modernization）という概念が、一九六〇年八月三〇日―九月一日、箱根での日米学者による「近代日本研究会議」で、アメリカの学者によって、わが国に持ち込まれたことは知られている。アメリカ側は、近代化を都市化・教育普及・官僚制など客観的現象から共通基準を設定しようとした。しかし、日本側は、これにイデオロギーや評価を持ち込んだといわれている。この年は、新安保批准直後で反米感情が支配的であった。以来、三〇余年、この間、ソヴィエトの崩壊があり、客観的に「近代化」を論ずることができるようになったと信じ、「アメリカの日本近代化論」、「続　同」（『経済系』第一八一、一八五集、一九九四年一〇月、九五年一〇月）を執筆した。また、三〇年前の一九六九年に県立川崎図書館の依頼で、同じ題名で、講演、横浜六大学学会でも「アジアのなかの日本像」の関連で同じ題名で一九九四年一二月、分担報告した。

さらに、「経営近代化の国際比較――アメリカの日本研究にみる――」（『国際比較・国際関係の経営史』、中川敬一郎東大名誉教授喜壽記念、森川英正・由井常彦編、名古屋大学出版会、一九九七年一二月刊、以下、前稿）を執筆、同稿では、R・N・ベラー（リスト5―リストは第四章掲載の「アメリカの日本研究」参照）やR・ベネディクト（リスト3、39）にみられる文化で近代化を説明する研究と、W・W・ロックウッド、H・ロソフスキー、C・ジョンソンのように経済段階から説明する研究に、大きく二つにわけた。

本稿は、後者を重視する研究を紹介し、考察したものである。なお、偶然、日本橋M書店でC・ジョンソンの本を発見、データ・ベースで訳書がないことを同店コンピュータで確認、この年（一九九七）の三月末締切まで二〇日しかないとき、どうやら、その内容を前稿に紹介できた。ところが、五月の社会経済史学会でこの時期を研究されている原田三喜雄（西南学院大）、原　朗（東大）両氏から訳書が出版されていることを知らされ、ジョンソン共編の一冊も発見し、改めて研究ノートとしたのが、本稿執筆の動機である。

「動機」とは、前拙稿三稿では、アメリカへ、日本はどの程度近づいたかという点が述べてあり、ジョンソンが最終章のタイトルに使った"A Japanese Model?"が十分でなかった。一九世紀はイギリス、二〇世紀はアメリカ、二一世紀はアメリカか、日本か、中国か。今や、「近代化論」もグローバル化して考えるべきだという考えに立つと、どうなるか。

ところで、文化構造を近代化の必須条件としないA・ガーシェンクロンは、(1)急速な工業化、(2)重工業部門の早期発展、(3)当初から大規模企業、(4)非自生的発展、(5)工業化の理念で、後進国は先進国を抜きうるモデルを提供した（リスト18）。(4)における政府の役割、(5)のナショナリズムなど、本稿で取り上げる諸研究に大きな影響を及ぼしている。W・W・ロストウ（リスト17）やマルクス理論と違い、飛び越し理論で、後進国ほど急速な経済成長の条件を先進国に恵まれているとしたのである。しかし、ガーシェンクロン・モデルはイギリスを先進国とした場合であり、本章三で取り上げるのは、そのイギリスが日本をモデルとするという逆転したR・P・ドーア（リスト15の著者）

English Factory-Japanese Factory であって、ポスト「近代化論」への突入をみたといえる。

ここで、日本の急速な経済発展を文化でなく、経済過程に求める研究を紹介しよう。一九五四年のW・W・ロックウッド（原題）『日本の経済発展――成長と構造変化、一八六八―一九三八』（リスト12）は、特に、国家と企業（第一〇章）を設けることで政府の役割を強調している。早い刊行であるためもあり、アメリカその他の研究者に大きな影響を与えたと思われる。さらに、一九六八年の増補版では、補章"Japan's New Capitalism"を設けて、日本は、北米、西欧とともに自由世界の三本の柱となったとしている（p.668）。スターリンは、日本とドイツが第二次大戦後、非共産同盟国のアキレス腱になると予想したが、予想は見事にはずれた、とも述べている。この補章は一九六五年刊、ロックウッド編（原題）『日本の政府と企業』（リスト13）を題名とする近代日本研究会議の成果第三巻に寄稿されたもので、ロックウッドが日本の政府の役割を常に意識している表れともいえる。なお、同書にはA・ガーシェンクロンへの献辞もある。

そして、一九六〇年箱根会議のアメリカ側出席者であり、ハーバードでA・ガーシェンクロンに指導を受けたH・ロソフスキーが、一九六一年、『日本における資本形成、一八六八―一九四〇』（リスト9）を刊行したが、ロソフスキーは、五九年、「公共部門の役割」を副題とする同名の論稿を書いていた。同書で、農業をふくむ在来産業の外貨獲得能力が、近代工業の輸入をもたらすと指摘（これは日本の学者へも影響した）、一八八〇年までは官業が直接的役割を果たし、廃止（官業払下げ）されても政府投資比率は高いこと、民間投資の主要決定が軍事要素であることを数量分析した。日本の経済発展と西欧モデル（第四章）の最後で、産業社会発展の西欧モデルからみると、日本ははるかに、前産業的、非産業的で、何もかも、明治維新後、新しく導入された。しかし、日本の労働者は新技術にスムーズに対応できたことが、他の後進諸国より優れた点であった。序でteacherと呼んでいるガーシェンクロンに対して、後進国では、新技術に対応しうる労働は高価で、資本集約的投資を必要とするとした点は、ガーシェンクロンの最大の弱点、と批判した。北欧とドイツをみる限り、その事実はなく、ロシアに適用されるだけとする二人の研究者の論稿を引用（pp.100-101）、そして、ガーシェンクロンの示すロシアの発展パターンを日本と比較、国家の軍事的要請がともに発展促進要因となっているが、ロシアとの違いは、ロシアの「気まぐれさ」jerkinessと違って、日本は半世紀続く軍事的圧力が平均的であったためと、経済の二重構造からくる弾力性のため、戦後まで危機が顕現しなかったとした。

一 *MITI and the Japanese Miracle*

ここに、タイトルとしたのがチャーマーズ・ジョンソンの『通産省と日本の奇跡、産業政策の発展、一九二五—一九七五』（リスト35）であるが、戦後日本経済の発展の原因は、経済についての政府と民間企業との協調が、西欧、社会主義国、後発国との大きな違いである。そして、一九二五年の商工省設立以後、一九七五年までを対象として戦前—戦後の連続に心を配った。

本書は、次のような構成となっている。

1. 日本の「奇跡」
2. 経済官僚機構
3. 産業政策の始まり

4. 経済参謀本部
5. 軍需省から通産省へ
6. 高度成長をもたらした組織
7. 行政指導
8. 国際化
9. 日本というモデル?

第三章はThe Rise of Industrial Policyとある。しかし、明治初期の工業化政策(殖産興業政策)まで扱ったものではない。したがって、拙著『日本の工業化と官業払下げ――政府と企業――』(東洋経済新報社、一九七七年)の引用はあるが(pp.84-85、拙著、一二〇頁以下引用)、官業払下げにあたり松方正義が一八八〇年一一月五日、「工場払下概則」に同意したことと、松方デフレを七〇年後のドッジ=池田と同じデフレ政策としているにすぎない。拙著が明らかにしたかったのは、それまでの政府オールマイティ説に陥っていた「官業払下げ」が、政商にアメ玉を配るように官業を与えたのではなく、政商(=財閥創業者)が、「企業が払い下げを受ける段階では、きちんと経営的な計算をしており、そこには合理性と経済的法則性が流れていたとして、新しく問題提起している」(東畑精一氏評、『日本経済新聞』一九七八年一一月三日号、日経経済図書文化賞候補一四点の中で)点にある。ある程度、独立して発展してきた「企業」を捉えて、それに「政府」が援助する。それが、官業払下げをふくめて、わが国工業化のパターンであり「官僚」の役割である、という筆者(小林)の考えを拙著で展開したつもりである。したがって、ジョンソンの官民協調の端緒としても、工業化が共同作業であるという筆者の考えとは、矛盾しない。しかし、もちろん、ジョンソンが、ここで展開したかったのは、農商務省の成立から商工省、通産省の成立をふくむ一九七五年までのことである。

拙著で述べたように、大蔵、民部、工部、内務、開拓使各省官業は、ほぼ一八八一年で設立を終わり、同年四月七日農商務省設立は、これら官業の払下げまでの残務処理機関であった。しかし、八五年一二月二二日の工部省廃止、内務省の（現在の）自治省化にともない、農務・商務・工務・山林・水産および鉱山、特許を扱う省となる。一九〇一年八幡製鉄所（拙著『八幡製鉄所』、教育社、一九七七年、参照）は農商務省管轄であり、陸海軍省でないことは、民間需要から輸出まで予想したもので、官民合併の日本製鐵設立を結果して、戦後、一九七〇年の新日鐵という世界最大規模の日本重工業の基礎を形作った「先駆」として、興味深い。一九二五年三月三一日、農商務省を廃止し、農林省および商工省設立、日本の恐慌期、二七年、官民合同の審議の場として「商工審議会」が設立されたこと「産業合理化」の概念導入を、ジョンソンは、戦後一九四九年五月二五日の通商産業省の設立、岸信介など優秀な官僚が、商工省出であることとともに評価する。

一九四三年一一月一日、商工省は一時軍需省に吸収されたが、第五章 From the Ministry of Munitions to MITI から第七章 Administrative Guidance までは、ジャーナリスティックな書き方でもあり、一九六四年、通産省の諮問機関として発足した産業構造審議会のこと、佐橋滋（通産事務次官）や林信太郎（通産省 JETRO）たちの「民間人のような顔をしているが、役人らしい」（後掲書、二〇五頁）といわれた官僚の理念は、拙著『政府と企業』（白桃書房、一九九五年）第五、六章「戦後日本の経営理念」を参照願いたい。

「はじめに」で述べた事情から、政治経済学という分野から通商産業省（Ministry of International Trade and Industry、MITI）と「日本の奇跡」に迫ったジョンソンの本書（以下、*MITI*と略称 p.は原書の page、「頁」は邦訳書の頁）の第一～三章、第八章を中心に紹介したい。かならずしも順を追うことをせず、重要なポイントだけを述べることを、お断りしておきたい。

第一章 Japanese “Miracle”によれば、「日本の奇跡」は、一九六二年九月、イギリス、ロンドン『エコノミスト』誌の〝驚くべき日本〟特集がきっかけである。アメリカでも、一九七〇年、ハーマン・カーン『超大国日本の挑戦』が出版され、カーンは「二一世紀は日本の世紀」とした。そしてE・F・ヴォーゲル『ジャパン・アズ・ナンバーワン』（リスト32）で決定的となった（もっとも同書が刊行された一九七九年、筆者はミネソタ大学におりマーシャル（リスト10の著者）に評判を聞いたが、アメリカ人はだれもそう思っていない。副題〝アメリカ人への教訓〟が主題だという答えが返ってきた。ジョンソンの *MITI* も〝アメリカ人への教訓〟的）。なお、ヴォーゲルは一九八四年にも *Comeback* を出版。日本の国際競争力を国益の明確化のもと官民一体の対抗や、業界内も共通の利益のため一体化する点に求めた。アメリカでは、エリート官僚に干渉権限を与えることは民間企業は受け入れ難いし、全産業にわたる産業政策策定もできないとしている。同書はジョンソンの *MITI* を読んで書いているはずで、『ジャパン・アズ・ナンバーワン再考』（TBSブリタニカ）という訳名からも、研究書ではなく〝二匹目のどじょう〟を狙った本であろう。ふたたび、*MITI* に戻ろう。この「日本の奇跡」を、稟《りん》議制（rolling consensus）その他の日本的経営や日本株式会社（Japan. Inc.）などの環境による動機（situational motivation）だけで説明し、政府の重要性を無視する動きがある。こういう文化から説明する方法は、ベネディクトからきており、数年前までは多用された。しかし、韓国、台湾、香港などが急速な発展をすると、文化で説明するのは困難である。日本の文化は、これらの国と違うし、研究の余地があるからである。

H・パトリック（Hugh Patrick）のいうように、〝ミラクル〟でなく〝ノーマル〟な市場原理で政府の役割が強調されるべきで、政府は助成的（supportive）であるべきで、何をすべきかを知らせずに、環境づくりをする以上のことをすべきではない。

同じ民主主義国として日米に発展原因の違いはないという考えもあるが、(1)予算決定のプロセス、(2)金融システム（日本銀行主導）、(3)日本的経営、(4)軍事支出がない、アメリカへの「ただ乗り」などがある。以上のうち(3)には、終身雇用・年功序列・企業別労働組合の「三種の神器」のほか、天下り、系列、二重構造などがあるが、アメリカ企業が三種の神器のうち、たとえば終身雇用制を取り入れたら、破産するであろう。また(4)は、軍事支出が高い韓国や台湾が示している高度成長を説明できないので、正しくない。

では、政府の経済成長政策についての日米の違いはどうか。維新後の日本政府は「富国強兵」の旗印のもと合理的発展志向国家（plan-rational state）、ところが同じときアメリカは規制的・合理的市場志向国家（regulatory market-rational state）である。日本は〝欧米を追い越せ〟をスローガンに殖産興業、生産力拡充、輸出振興、完全雇用、高度成長など plan-rational で一貫し、ようやく一九七〇年代 regulatory になるが、未だに plan-rational な性格を残している（訳書では日本を「発展指向型国家」アメリカを「政府規制型国家」と訳しているが、この訳語には、両方にふくまれている合理的 rational という言葉と市場 market が全く落ちているので、上記のようにした）。

「許認可権」保持をふくめて政策決定は、優秀な経済官僚が行うが、アメリカでは専門の法律家が中心である。日本の通産省に相当するのは商務省ではなく国防総省（Dept. of Defence）、「日本株式会社」にあたるのは軍産複合体（military-industrial complex）で「例外」と米国民は考えている。日本のような〝産官協調〟はなく、あくまで議会がコントロールする。では、アメリカの market-rationality が日本の plan-rationality より優れている点は、(1)能率、(2)公害への対応、(3) plan-rationality は高い目標を達成するとき社会のコンセンサスを得ているから効率的である。しかし、ニクソン・ショック（一九七一年）や石油危機（一九七三年）など突然の重大事件には market-rationality のほうが向いている。(4)エリート官僚と議会の、どちらの意思決定を尊重すべきか、この点、日本はアメリカの高官の言のみに信をおき、アメリカは日本の官僚よりも議会を重視する傾向がある。

結局、両者の違いは経済学者がリーダーシップをとるか（market-rational state）、ナショナリスティックな政治官僚がとるか（plan-rational state）である。一八六八年の明治維新から始まる日本の合理的プランに立つ政府は、賢明にも産業を国有せず、財閥と緊密な関係をもって産業発展に成功した。大企業・中小企業（二重構造）が生まれたが、より大切なことは、競争原理を plan-rational state に持ち込んだことである。そして、戦後、財閥解体や農地改革があった。しかし、官僚の的確なプランは貫徹、政府は直接指示しないが、企業はそのサインをキャッチして動いた。政府と関係なく発展した企業（ソニー、ホンダなど）もあるが、その数は多くない。

そして、産業合理化運動、産業構造改革などは一九二〇年代からスタートしており、五〇年代に開花した。戦後、通産省が一九五七年出版した『産業合理化白書』によると、日本産業合理化の遅れは、次の順序で克服されるべきだとしている。(1)企業合理化――新技術導入・品質管理など、(2)企業環境合理化――土地・水・地方、(3)公正な競争やカルテル、(4)国際競争に耐えうる産業構造（ただし、ロー・コストで企業が克服してしまったので、一九六〇年以降は(4)の必要はなくなった）。

大川・ロソフスキー共著（リスト25）は、企業の投資決定は近時における生産比率やコストからくる利潤率のみという。また、通産省が、コストを考えないで重化学工業育成にのりだした点に批判的な学者もいる。しかし、政府の、（日本人のいう）〝育成〟（nurturing）は、日本の産業政策の始めから出現しており、戦後も通産省によって継承されているのである。

こうして、最終章で、次のように述べる（なお、最終章については、改めて詳述する）。

日本の成長は、特定の個人や政党の思い付きに帰せられるものではない。一九二七年の恐慌から、一九七三年の石油危機に終わる、そのときどきの、どの国も経験しないもっとも困難な中で状況に応じた適宜な判断からもたらされたものである。日本人の誰もが、この間、戦争も貧困も同じように経験してきた。日本がおかれた資源不足、過剰人口、貿易の重要性などは、どの国にもあることだが、一九五〇年代、六〇年代のあの状況におけるナショナリズムに立つ重要問題の克服態度は真似できない。政府は今も、海外投資、貿易黒字など重要課題をその状況における経済育成の立場で常に考えている。

もちろん、アメリカの占領による日本経済体制の変更も大きいが、発展する国は、戦前の一九三〇年代、四〇年代の経験を生かすのである。戦後政策の源流として、日本の戦前の商工省が、戦後の通産省に継続されたのは、歴史的・組織的どころか伝記的 biographical ですらある。戦時中の官僚が（総理大臣をふくむ）大臣や長官となって、経済成長を指揮した。しかし、通産省でも一九七〇年、世代交代が行われ、戦時中の経験者はいなくなった。

かくて、経済発展は、官僚と民間企業の連携となった。政府主導カルテルに反対した住友金属（一九六五年）、自動車産業（合併統合反対一九六一年）など例外はあるが（米商務省報告、リスト24、および、前掲、拙著『政府と企業』、一九九、二〇八—九頁、参照）、一九四〇年代末は政府優位だったものが、七〇年代初めは企業優位となるが、政府は市場を必要とし、企業は政府を必要とする。そして、日本の産業政策の強さは、その状況をカバーする法律の制定なしに混乱を収拾するところにある。八幡・富士合併（一九七〇年、新日鐵）のとき、法律はきびしく適用されたが、短く、きわめて一般化されたもの（highly generalized）であり、アメリカのように複雑ではない。

アメリカは利潤動機が優先するので、トップ経営者のサラリーは高い（ソニー本社社長より米国ソニー社長のほうが高給)。結果として、日本企業の労使関係は上下の格差がなく、スムーズである。といって、アメリカ経営者の給与を減らしても、株式市場を通じて動くアメリカン・システムには、その節約は何ほどの影響も与えないであろう。

こうして、日本の官僚の多くが東大法学部出身のゼネラリストで同窓 old boy ネットワークで、大企業トップと考え方にあまり違いがない点を、政治家従属型のアメリカ官僚と対比した。巻頭「この問題のパイオニア、W・W・ロックウッドを記念して」とあるが、「本書で明らかにしたかったのは……文化にみられる相対的に変化しないものではなく、異なった歴史的環境や政治意識の変化がありながら、一九三〇年代よりも一九五〇年代により多くのコンセンサスと協調がみられる」(p.313) というとおりの論理展開を示している。なお、ジョンソンは、T・C・スミス(リスト8)や、H・ロソフスキーなど経済学者、A・スカルピノなど政治学者を出したカルフォルニア大学教授である。

以上、C・ジョンソンの著書『通産省と日本の奇跡』の概略を紹介したが、その最終章が、"A Japanese Model?" となっている。訳書では「日本というモデル」となっている。原書には疑問符(?)が付いているが、訳書では、なぜか、疑問符が落ちている。これを、「日本型モデルとは」ないし「日本はモデルとなりうるか」と訳せば、ジョンソンは "Yes" である。

ただし、ジョンソンがこの最終章冒頭でいっているように、規制国家 (regulatory state) と発展国家 (developmental state) を区別することから本書は始めたが、それでは、本世紀末の国家の機能を説明できないとしている。そして、国家が最優先するものが、その国家の本質を規定するのであるから、日本は経済を優先する国家であり、何よりも発展(志向型)国家の典型であるとした。

もちろん、ジョンソンが追究した時期は、一九二五—一九七五年であり、明治前期の殖産興業政策から取り上げたものではない。また、わが国が経済最優先型国家であるという点については、日本の古い型の学者には、政治ないし軍事最優先型国家と考える者もいよう。しかし、ジョンソンには、一九二〇年代から始まる資本主義体制の危機をアメリカがニュー・ディールで乗り切ったことが、戦後の積極政策の源流となっている、また、ソヴィエトの第一次五カ年計画が、戦後のスターリンによる全体主義の源流であるという言い方から、政治を無視したものではないといえる。戦後の日本の発展主義（developmentalism）は、一九三〇年代における経済面での国家のイニシャティブに源流があるという言い方をしているのである。こうして、戦前から戦後の政策には驚くべき連続性がみられ、国家主導型の高度成長体制は官僚と民間の協調にある、と結論づけたのである。

では、日本をモデルとする体制とはどういうものとジョンソンは考えているのか。

そのモデルの第一の要素（the first element of the model）は、その体制（system）で得られる最良の管理専門家（talent）をスタッフにもつエリート官僚層で、小さく、費用もわずかな存在である。その官僚の義務とは、(1)発展させる産業を選び、(2)選んだ産業を急速に発展させる手段を選び、(3)当該戦略分野において健全に発展させる競争の監督を行う。

モデルの第二の要素は、官僚がイニシャティブをとり、効果的に活動できるに十分な余地を与える政治体制である。ちょっとわかりにくいが、政府の立法および司法部門の機能は安全弁（safety valve）としての機能に限らなければならない、ということである。つまり、官僚をコントロールするとともに、沢山の利益団体（interest groups）を寄せつけないことが、立法、司法部門の役割で、官僚が政治力に制約されることなく、イニシャティブをとれる余地を作り出さなければ、効果的な統治はなし得ないとする。

モデルの第三の要素は、経済に国家が介入するという市場調和的方法の完備（perfection of market-conforming methods）である。これもわかりにくいが、ジョンソンがいうのは、国家は、優先的政策目標と両立できる程度の競争を存続させるように配慮する必要があるという意味である。したがって、たんに国家統制で圧力を与えるだけでなく、民間戦略産業の経営者との間に、競争があり、国家と民間企業が互いを認め合って、協調が初めて可能となり、高度成長が実現できたということである。その場合、市場調和的方法には、(1)政府金融制度の創出、(2)税制の活用、(3)ガイドラインの活用、(4)意見の交換ができるフォーラムの設置、(5)民間、半官半民団体への政府機能の一部割当て、(6)リスキイな分野の特殊法人への依存、(7)投資予算の政府による創出、(8)独占禁止政策、(9)政府による研究開発、(10)発展志向型目標達成のための政府による許認可権の利用などがある。

ところが、もっとも重要な市場調和的介入の方法は行政指導（administrative guidance）である、ともいう。有能な官僚によって作られた政令、省令、規則、行政指導によって、他の社会では弁護士が行う機能の多くが、行政指導を行う官僚によって果たされる。したがって、きわめて簡略で一般化された法律にもかかわらず、訴訟がきわめて少ない。

このモデルの第四の、そして最後の要素は通産省のような水先案内人的機関（pilot organization）である。通産省は偶然誕生した経済官庁の中で最小の機関であるが、他の先進工業民主主義国において、これに相当するものは存在しない。もちろん、官僚支配の体制は官僚間の争いも多くあり、その調整も賢明に行われた。その英知は官僚と政治家の争いを緩和させ、戦後の重要な政治家は、かつての高級官僚であり、かれらを活用したことが、合理的発展志向国家の運営に効果があった。

では、最終章の表題となっている「日本はモデルになりうるか」という点は、どうであろうか。

ジョンソンは、しばしば取り上げてきたように、日本の文化が、日本の経済最優先型国家としての成功を招いたとはしていない。戦前―戦後を通じての経済的危機や、戦争と貧困を共有した政府や民間の協調が日本の高度成長をもたらした。したがって、「日本と同じ歴史を繰り返すことなしに、他の国家が日本の優先目標（priority）と高度成長体制（high-growth system）を選びとる（adopt）ことは可能であろうが、それがもっている潜在的利点は同時に制度的な危険をもっている」（p.307. 下記同）とした。日本が優先目標を設定できたのは、日本がおかれた状況からきたもので、「文化や社会組織や島国状態であったことの産物ではなく、合理性の産物である」（a product not of culture or social organization or insularity but of rationality）。

ここに述べられた合理性（rationality）を、ジョンソンが結論のひとつと考えると断定して、前稿（「経営近代化の国際比較」）の結論とした。すなわち、ベラー（リスト5）は徳川期の政治過程から宗教に「合理性」を見出し、近代化論につなげ、そして、ポスト「近代化論」としてジョンソンは政府と企業の協調に「合理性」を見出した、とした。

ともあれ、ここで、ジョンソンは優先目標の設定や、官民協調という日本のモデルを、他の社会で模倣することはできるとして、前掲の四つの要素を列記したのである。もちろん、日本特有の歴史を追体験する必要はないし、またできない。また、日本の政治体制は南米諸国の官僚主義的権威主義的政権とも区別されるべきだし、市場社会主義国（ユーゴ、ハンガリー）とも違う。このことから、日本の成功を模倣しようとする国は、自国にある材料（local materials）を使って、みずからの合理的発展志向国家の諸制度を組み立てるべきだろう、としている（p.323）。

そして、特筆すべきは、これまでの「日本近代論」のアメリカ人研究者の多くが共通に陥っていた、完全な民主主義と世界最高の経済力を有するアメリカという立場からの叙述で本書を終えていないことであろう。つまり、アメリカが必要とするものを「日本というモデル」との関連で述べて、本書を終えていることである。これは、文化の型のように、とうてい真似できないものを捨象し、システムにこだわったジョンソンなればこそ、できたことである。

それでは、アメリカのような国が必要とするものはなにか、といういい方であるが、次のように述べている。日本と異なり、貯蓄し、投資し、労働し、国際的に競争する人びとのため、より少ない規制（regulation）とより多い刺激（incentives）が必要である。日本のように、国家の優先目標に向ってコンセンサスを欠いているアメリカは、すでに重荷となっている規制的官僚機構を厚くするのではなくて、みずからの力を作りあげ、市民の私的・競争的衝動（impulses）を解き放つほうがよいであろう、という。

かように、ジョンソンは、本書刊行時（一九八二年）では、アメリカが政策目標がなく、通商分野と産業分野が国務省のヒエラルヒーの下位にあり、複雑な法令が数を増す規制国家であることに危機感をもっている。そして、日本の通産省が示している水先案内人的機関の存在の必要を示唆し、この『通産省と日本の奇跡』を完結するのである。

なお、訳書に挿入されている監訳者矢野俊比古（元通産省事務次官）とジョンソンの座談「産業政策をめぐる過去・現在・未来」でかれは、次のように述べている（座談は一九八二年六月一四日に行われている）。開口一番、「この本のおもな目的は、日本の政府が論理にかなった産業政策を行なっている、このことを書きたかったのです」といっている。アメリカ、イギリス、その他英語圏においては、市場経済における政府の役割をつねに日本の文化的差異をもちだして説明しようとする。これは、トートロジーでしかない。「私としては、日本の政府、とくに通産省が、市場の現状に合った政府支援策を生み出し、完成させたということを立証したかったのです。そしてこれを、アメリカにみられる本来規制的な国家に対比して、発展志向型国家というようなもので私は定義しております」。では、アメリカはどうか。アメリカ政府が指導的立場に立ち得たのは、前述のように、ニューディールから派生したとし、転換点とみた。しかし、防衛、農業の分野だけで指導的立場に立っているので、全体的には、民間部門において、アメリカ政府は発展的というよりは規制的な役割を果たしているし、日本のような官僚制度を作りだすことは不可能である。そして、日本、韓国、台湾、シンガポールなど東アジアの高度成長経済に象徴される新しい資本主義が、これらの国の官民関係をみると考えられるのではないか、としている。

一方、矢野は事務次官という最高位まで昇りつめた通産官僚当事者として、発言を自制しているが、ジョンソンが執筆を止めた一九七五年から七年後の状況は、もっと動いている点が、座談に表れていて興味深い。民間のコンセンサスを得た上で、政策をスタートする日本の政治風土を認めた上で、貿易摩擦、防衛問題、農業問題などは官僚なり有識者の間には、何をなすべきかについての合意はあると思う。しかし、官僚機構のタテ割り主義のため、実施できないのが現状である（それから一五年後、行政改革が論議されている）。そして、個人的経験からとことわった上で、一九四五年までに通産省に入った連中は統制経済の立案者でその弊害の経験がない（矢野をふくめ）。四七—五〇年に入った者は統制の実施者と同時に被害者でもあり、自由経済の維持を意識する。ところが五二年物資の統制撤廃後入った者は、政府の関与が必要という意識をもつ、という談話も記されている。

二　*Area Studies and Social Sciences*

チャーマーズ・ジョンソンの考えは、中嶋嶺雄との共編『地域研究の現在』（大修館書店、一九八九年）でよりはっきりと示されているので、紹介しよう。同書は、国際シンポジウム「地域研究と社会諸科学」（東京外国語大学主催、一九八七年一一月九—一二日）の、全記録である。ジョンソンが編著者序を書き、中嶋嶺雄が解説を巻末に記している。

ジョンソンは、アメリカからみた地域研究の諸問題を紹介するとしたのち、「地域研究とは、応用された社会科学研究——すなわち現実の社会システムが機能する際に生じる具体的な問題の分析のことである」(同書、ⅳ)とまず、述べている。地域研究もすべての社会科学と同様、理論を問題にするが、文化的、制度的、歴史的諸変数が理論の観点からはあまり期待していない点を問題にする。地域研究とは理論と文化が知的に出合い、互いに影響しあう場なのである。

ところが、英語圏においては、地域研究は理論家から高い評価を受けていない。地域研究は理論上の誤りやギャップを明らかにし、その実践的知識への貢献を評価されているのに、である。一九六〇年代、七〇年代のアメリカの対ベトナム、対イランの失敗は、政策責任者が、これらの国の歴史や文化について無知であった教訓は、未だに学ばれていないことを示す。これは、地域研究も理論や比較を避け、不毛な経験主義に堕していたためでもある。

こうして、ジョンソンみずから、2nd Session：地域研究と社会科学において、「日本政治経済の諸研究——理論の危険」を報告した。

すなわち、アメリカの大学は理論研究を好み、日本経済の研究を扱おうとしていない。経済理論の三つの主流—新古典派、ケインズ派、マルクス派は、日本型経済の実績を説明し得なくなっている。ところが、その説明できないことを日本は「例外」(「文化的独自性」が逃げ口上である)とするか、日本のデータを理論に合うよう無理に変えるか、である。「歴史上最も発展した産業経済を西洋理論が十分に説明できないという事実は、日本経済の研究それ自体が今日一つの理論化の練習課題であることを意味しているのである」(五九—六〇頁)。つまり、日本の経済制度の研究は、そのような諸制度の歴史分析と新たな理論的概念の構築を必要としていた。そこで、前掲、*MITI and the Japanese Miracle* で、戦後日本の経済官僚制を理解しようとして、昭和時代の前まで遡り、「資本主義的発展志向型国家」(capitalistic developmental state) という概念を開発しなければならなかった、とした。

日本政治経済の研究は、一九八〇年代になって若い世代を惹きつけ始めた。初期の日本研究が日本の美学と感覚的または文学的文化に惹かれており、日本国内で「日本人論」イデオロギーとして隆盛であるが、「文化的独自性」学派の失敗が、政治経済的アプローチの出現の一理由であった。文化的価値と経済的結果の関係は、西洋においても日本においても誇張されすぎている。日本の現代的経済成功を説明するに当って、制度は重要な変数である。

ジョンソンによれば、日本と日本型経済(主として韓国と台湾)は、権威主義的政体としてあり続けてきた。日本型の資本主義は、それを機能させるための民主主義を欠いてきたときに隆盛をみている。ということは、日本の政治形態が日本型資本主義を生み出したことになる。戦後も一九四八年以来、保守党の一党独裁が続いている。それを、前著で展開してきた論理でジョンソンは説明する。すなわち、日本型経済においては「政治家は君臨すれども統治せず」であり、実際の政策決定者は経済専門のエリート官僚である。

一方、日本の「強い国家」とその経済との関係を、日本が純粋な民主主義であるという前提から出発する公式論もある。発展志向型国家は、民主主義においては民衆の生活に破壊的な影響を及ぼすから、産業構造の変換を市場に委せきりにすることはあり得ないという認識から、この公式論は成立っているにすぎない。人口が多いのに資源が少ない日本は、産業化にあたって、レッセ・フェールの資本主義に対立することになる。ここでも、ジョンソンは、日本国民は官僚のリーダーシップを支援しているから、官僚のリーダーシップは、利益誘導政治を通して、これらの民衆が受ける諸問題を先取りして解決する。以上の二つの概念の組合わせが、戦後日本の現実という。

さらに、日本の政治経済研究のもう一つの主要テーマに、日本の研究開発の制度と業績があるとし、日本においては、アメリカのように大学ではなく、私的部門内で開発されるために、国際的な学術・科学技術交流には疑問が投げかけられている点がある。ところが、日本はアメリカのように科学的諸発見を商品化できない国に比べると、効果的な前進を遂げている。それには工業技術院、研究組合、特許庁など科学組織がどう役立っているか、よく知らなければならない。ジョンソンは、ハード・ウェアのみに着目してソフト・ウェアと組織を無視する日本工場の cat-walk（機械と機械の狭い空間を歩かされる）tour は、何ら解答をもたらさないであろう、という皮肉も付け加えることを忘れてはいない。

そして、従来の「アメリカの日本近代化論」にはみられなかった日米の「二重覇権」という選択肢も、貿易と投資におけるアメリカの債務国化、日本の債権国化から起こってくるとまでいっている。その場合、日米とも海外直接投資の莫大な増加にともない、二国間の通貨と両立する税制を受け入れなければならなくなるであろう、という説も紹介している。

労働関係のシステムは、日本においても外国においても、もっとも日本の政治経済の分野で徹底的な研究がなされている。日本が遂行した制度的革新には、終身雇用制、トヨタのジャスト・イン・タイム、品質管理、企業別組合などのシステムをふくんでいる。これに対する批判は、(1)日本全体の制度の文脈を無視して、日本の企業レベルの決定の有効性を過大視していること、(2)日本の企業については外国人研究者は日本のすべての大企業に存在する派閥、実力者、さては窓際族についてまで理解していないこと。(3)特に日本の研究者によって、この分野においては、日本の文化と日本の組織的革新の両立性にだけ注意が向けられすぎていること。日本の老齢化率の上昇、不十分な年金と老齢者管理システムなどの不安も指摘する。

そして、最後にジョンソンは産業政策と日本型経済との関連のなさを強調し続けているレッセ・フェールを主張する経済学者を批判する。特に、自国アメリカ人のイデオローグが、日本の産業政策はアメリカと何ら異なっていないとする点に警告を発する。日本の競争的挑戦の性質と次元をアメリカ人が理解するのを妨げるだけだし、日本の現代史を理解できなくする。そして、日本の産業政策が与える教訓を、次の七点にまとめ、列挙した。

(1)輸出志向型製造戦略の採用。
(2)企業優遇税制、高度技術に対する投資のための早期減価償却引当金と低金利貸付、そしてビジネスマンの海外市場機会に関する情報提供と支援を行う機関の擁護。
(3)国内の高貯蓄率を引き出す誘因の供給と頭金を少なくするか無しにする消費者クレジットに対する差別。
(4)能力減少カルテル、労働者再教育、競争力のない部門からの移動を奨励する類似した産業政策の権威づけ。
(5)敵対的というよりもむしろ協力的な労使関係を奨励するシステム。
(6)信任されていない社内教育の承認と支援を含めて教育に非常に高い優先順位を置くこと。
(7)金融調査、エンジニアリング、そして競争的成功にとって重要な新技術の製品開発（ちょうどアメリカが軍事的成功にとって重要な諸技術に対して長期にわたって遂行してきたように）。（七七—七八頁）

次に、山之内靖「現代社会と日本的経営」（後に取り上げる）報告があったのち、討論となった。予定質問者は二名である。

チェン・インシアン（Cheng Yingxiang、フランス、国立政治学財団中国・極東部研究員）は、経済的成功の裏面にある文化的特質は重要であると考えており、ジョンソンの割り切り方は疑問とした。もっとも、儒教の場合、日本の近代化には有利に作用したのに、中国にはマイナスに作用した。文化的要因を理論的に説明できないことへの安易な「逃げ口上」としないことは認識したい。そして、（山之内氏へのコメントをふくめ）、第一に、日本経済がシンガポール、香港、台湾、韓国などアジア諸国とどの程度まで経済的統合をしうるか、第二に、日本社会では支配者、被支配者、労使関係に対立がみられない経済発展の寄与の原因の基盤は儒教か。第三に、日本の支配層にイデオロギーが欠如していることを、歴史的に説明することは可能か。中国のようにイデオロギー拘束力の強い国と大きな対比をなしている、とした。

上村忠男（東京外語大）は、第一点として、従来の純粋経済理論では、日本経済の発展の秘密を究明できない、日本特有の制度的な構造の考察が必要であるとジョンソンは主張したが、氏自身が提唱する political economy が経済を制度の中に実体化させようとしても、旧来のマクロな経済理論、純粋理論が破綻したことを示すことにはならないのではないか。第二点としては、制度という概念を氏は狭く捉えすぎているのではないか。制度ができあがるプロセスの中には、文化や宗教や倫理などの要素が当然入ってくるはずで、それを社会的制度と考えると文化的側面は無視できない。それのほうがむしろ根底にある。第三点としては、このシンポジウムの趣旨は、社会諸科学に対する地域研究の挑戦だそうだが、一般市民は科学者の言葉が理解できなくとも科学者の助言を受けた官僚や政治家が、一般の利益のため働けばよい、というのはいかがなものか。社会の成員が公共の場で議論を通じて決定するのが、社会科学であり、地域研究に携っている人びとも切実に考えていることだ、とした。

以上、二人の予定質問者に対するジョンソンの回答は、次のようである。

チェンに対しては、儒教の役割については経済発展と関係ないという点で議論すべきではなかろうか。ピーター・ドラッカー（Peter F. Drucker）は、戦後日本の経済成長は低開発国の低い労働賃金と先進国の高い労働技術を組み合わせたことにあり、それを可能にしたのは日本独自の文化であって、ほかの国は真似できないといった。しかし、この方式は台湾、韓国などで取り入れられ、めざましい発展を示している。儒教や宗教は、この経済発展に全く関係がないと結論づけられないだろうか。第三点の日本におけるイデオロギーの欠如については、そのとおりである。資本主義と民主主義との関係については、日本、台湾、韓国三国とも民主主義が欠けているのに発展した。両者の関係はないといえる。

上村に対しては、あまりに価値観のレベルにまで遡るのは危険ではないか。日本人は日本人だから日本的な発展をしているのだという話になれば、その社会構造を研究し、比較する意義がなくなる。実はアメリカ人にとって、日本の経済発展の原因を文化に求めることは非常に都合がよい。アメリカ人にとって競争的なものではないから、この特殊な日本文化にもとづいた競争力を防ぐためには、保護的政策をとるしかないということになるからだ。それと、制度という側面に注目するのは、それが経済学などの普遍主義と地域という特殊性を媒介する究極的な変数だと考えるからである。西欧の理論は科学的客観性を主張しているが、実は、西欧の特殊な制度の内在化されたものにほかならない。科学に西欧・非西欧という概念はあり得ない。そこで、地域研究が有益となってくるのである。

次に、フロアーからの発言に答えて、ジョンソンの前著（*MITI and the Japanese Miracle*）で通産省の研究を行った理由を、制度的な改革が成功した一例を示したかったからだとした。「財閥の解体から現代日本の労使関係まで、一つの制度的改革が日本における資本主義の実現にどう作用したかを分析したかったのである」（一一八頁）とした。

かように、ジョンソンは、儒教をふくむ文化に経済発展の根拠を与えず、制度という概念で分析することを、このシンポジウムでも一貫して述べている。そこで、5th Session：日本および東アジア地域研究の中で、金日坤（キムイルゴン、韓国、釜山大、『儒教文化圏の秩序と経済』の著者）が「東アジアにおける経済発展と儒教の影響」を報告しているので、紹介しておこう。

アジアの四カ国、韓国・台湾・香港・シンガポールは日本同様、儒教的背景をもち、経済的に成功する力において、キリスト教に次ぐものであるといわれる。アジアでの三大宗教は道教、仏教、儒教であるが、道教は韓国においても日本においても社会経済的影響力はもたなかった。仏教は精神的側面と禁欲、儒教も精神的側面を強調したが、社会組織に大きく影響した。韓国も日本も朱子の教義である新儒教であるが、旧儒教同様、中央集権体制、忠と孝、平和主義の傾向と教育重視、そして農本主義であり、農本主義は「士農工商」という社会秩序で産業発展を抑制する傾向をもった。伝統的な儒教文化圏は、自主的に近代化をなし得なかった。それは、政治における民主主義と近代資本主義による挑戦と刺激によってもたらされる。そして、第二次大戦後、植民地主義が消滅、民主主義が導入され、近代化は農本主義からの脱皮と工業化とその製品輸出で始まった。儒教文化体制における家族的集団主義は、近代の資本主義発展を助けた。なぜなら、イエの原理は社会の mobilization を促進し、経済発展の目標に向って集団を動員するにあたり、効果的であったのである。そして、韓国と日本との違いについては、韓国がキリスト教、日本が神道の存在があり、韓国が中央集権的「タテ社会」であるのに対し、日本はタテ社会ではない。インドやヨーロッパをヨコ社会だとすれば、日本は徳川時代の各藩の分権的な政治体制から、タテとヨコが非常にうまく調和をとっている社会である、とした。

このシンポジウムに discussant として加わっていた中根千枝は『タテ社会の人間関係』（講談社、一九六九年）の著者として、金《キム》の指摘にこう答えた。すなわち、金はタテ社会という用語を権力構造を指すものとして理解しているのであろう。「私（中根）の言うタテ社会とは、上下に連なっている人間関係が非常に強固な組織のことであり、従って上から下への権力行使とは反対に、下が上を抑える現象の見られることもタテ社会の特徴となっている………タテ社会とは、上の者が下の者に服従を強いるというのではなく、逆に上の者が下の者の意思を尊重せねばならず、その点で上層部の自由が制限される社会だと言える」(三一四―五頁)。韓国ならば、上層部のリーダーの意思ひとつで、これはという人物を一挙に抜擢することも可能だろう。しかし、日本では係長、課長、部長というように一連の段階を上っていくので、思い切った人事管理はできない、という。

中根は、そのため、日本のリーダーがはっきりした意思決定をなかなか下せないことにも触れている(これは、ジョンソンのいう日本におけるイデオロギーの欠如とは関係がないのか、どうか)。しかし、金も中根も、儒教といいタテ社会といい文化を説明の基底においている点で、ジョンソンとは真っ向から対立する。ジョンソンは、文化で説明することを過激に否定したが、全く別の立場でこれを否定する discussant もいた。

評論家でもある山崎正和(大阪大)は、学者はひとつの理論ですべてを説明したいという誘惑に駆られる。歴史学者の時代区分論や、マルクス主義者が、経済の物差しですべてを説明できると考えたのも、その例である。芸術や文化の時代区分も経済区分の反映であると考えたのだが、こういう一元化を妨げるのが地域研究であろう。ところが日本の地域研究には文化決定論が現れやすい。「日本の経済が成功しているのも、日本の民主主義がなれ合いであるのも、みな日本文化の特色に由来するのだということになりがちだ。……かつてのマルクス主義者が社会のあらゆる現象を経済で説明したことの逆立ちであると言えなくもない」(三一九頁)。問題なのは、文化に関する諸理論が、文化は成長するがその本質を変えることはできないというイメージの固定は、戦時中の「国体」の観念と同じものである。意識的な、技術的な努力で文化は変えることができるものである、という。

もっとも、一九六〇年代のアメリカからもたらされた「近代化」概念に対して「民主化」の優位を依然として唱えている宮川透(東京外語大)「日本の近代化と伝統――その構図」報告もある。その裏には、日本が「超歴史的な奇形」と考える日本の進歩的学者に共通している遅れが見出されるので、討論の過程で梅津和郎(大阪外語大)から反論された。中根は、日本人が外国人と接触するとき相手を日本化しないと気が済まない点で、宮川の発言に同感だとした。これは、日本人は民主化（宮川の真意は西欧化だろう）をめざして変らなければならないといいつつ、変らないとする文化論に宮川が立つので、中根の賛意を引き出したものであろう。

H・S・ゴールドバーク（東京外語大）は比較政治学の立場から、最近一五年間の動向は第三世界からの研究が目立ち、中嶋嶺雄は近代化理論の構築に悲観的のようだが、現代世界国家論、cooperatism（協同主義）、公共政策理論の出現に期待するとした。

ともかく、外国人ゲストをジョンソンをふくめてアメリカ、イギリス、オーストラリア、フランス、インド、韓国から一〇名、日本国内ゲスト一六名、国内報告者六名、討論者八名で四日間にわたる「地域研究と社会諸科学」という国際シンポジウムで、地域研究はヨーロッパから東洋学として起こったが、アメリカが世界の宗主となった第二次大戦後、世界に及び、アジアの急速な成長、第三国の興隆によって、より深められようとしている、といえよう。

三　*British Factory-Japanese Factory*

山之内靖（東京外語大）「現代社会と日本的経営」は、2nd Session で、ジョンソンに次ぐ第二の報告であった。これを、ここで紹介するのは、この報告が「日本近代化論」の流れを大きく捉えており、本書の結びにもってくるのにふさわしいからである。ジョンソンの業績に一言も触れてはいないが、報告内容の共通性も少なからず見出される。

タルコット・パーソンズの社会システム論によって根拠づけられた「近代化論」は、一九六〇年代の中頃まで、もっとも有力であった。しかし、現在の日米経済摩擦の原因を探ろうとするとき、社会制度要因の探究が不可欠である。この報告の目的の第一は、一九七〇年以降に現れた欧米社会科学者による日本研究、特に日本の産業企業に関する研究を日本人のそれと突き合わせながら、日米経済摩擦を引き起こした社会制度的要因を考察することにある。第二の目的は、この現代社会を支配する市場経済的企業システムが生態系上、困難な問題を発生させていることに歯止めをかけられるかである。

マックス・ヴェーバーは、近代社会の特徴は合理化にあり、社会組織においては官僚制の発達として現れるとし、近代官僚制は、法体系の整備と合理的な裁判制度を成立の前提としている。しかし、それが化石化していけば、前代の家産官僚制に類似したものが現れる、とペシミスチックな未来を予想した。ヴェーバーは官僚制的合理化の進展によって、宗教改革期の民衆を現世の改造へと駆り立てた禁欲的職業労働のエートスは死滅したと考えた。それに対し、パーソンズは、システム化された現代においても、宗教改革期の価値体系は失われず、多様に機能分化した職業上の役割遂行を通じて社会に貢献し、価値体系に奉仕すると考えた。アメリカに、現代社会をリードする可能性を見出そうとした。

パーソンズは、戦後日本が軍国主義の根絶と財閥解体などで「個別主義的な集団的結束」(particularistic group solidarity)が後退して、「普遍的」(universalistic)な価値を信奉する個人主義が育っていくだろうとみた。ところが、上記「集団的結束」は戦後経済発展を担った巨大経営の中に移転して、日本的経営という姿をとって再現した。一九六〇年代の中頃まで、戦前の「集団的結束」は遺制で無くなっていくものと考えられていた。

ところが、これと全く逆の見方に立つ問題提起を行ったのが、ドナルド・ドーア(Donald P. Dore、イギリスの学者、一九六〇年の日米学者による近代日本研究会議のメンバー)の(原題)『イギリスの工場・日本の工場――労使関係にみる国民性の違いの源流――』(*English Factory-Japanese Factory: The Origins of National Diversity in Industrial*

Relations）である。この一九七三年に出版されたドーアの本は、現代的な組織志向的雇用制度の開発という点では、日本の産業経営は、イギリスより先んじている、というものである。イギリスは、一九世紀に作りあげた市場志向的雇用制度と、それを基盤とする階級社会の構造が固定化したため、組織志向的雇用制度への移行に遅れをとった。「近代化論の立場からすれば、日本は西欧型に収斂してゆく筈であった。ドーアによれば、逆に、イギリスが日本に収斂してゆくのである」（九二頁）。ドーアは日本が工業化を始めたとき、欧米は大企業体制への移行が始まり、日本の基幹産業は巨大企業としてスタート、日本は第二次大戦後、民主主義と平等主義の定着に成功したが、イギリスは社会民主革命がなく、階級関係の身分固定化が打破されなかった。

ドーアが行った問題提起を日米の労働を通して研究したのは、小池和男（略）とコール（Robert E. Cole, *Work, mobility, and participation, A comparative study of American and Japanese industry*, 1979）であった。コールによれば、同じ組織志向的雇用制度に属しながら、日米には大きな違いがみられる。アメリカでは、テイラーの科学的管理法が普及したので、労働組合は、標準的な職務賃金制度を要求するとともに、労働者の昇進やレイ・オフは、この職務・賃金と連動した先任権（seniority right）にもとづいて行われることを経営側は認めた。ところが、日本は経営側の一方的移動命令に従い、個人としてのイニシャティブに欠けている。日本固有の文化的、歴史的条件に由来するとして、ドーアと異なった見解に立つ。アメリカの企業組織が日本の企業組織からその長所を取り入れる余地はない、とするのである。最後に、戦時動員体制が、それ自体として一種の社会革命を推し進めた点が、アメリカに人種差別撤廃や市民平等化をもたらしたという研究を挙げた。日本、ドイツについては米学者は例外扱いとしたが、果たしてそうか。第二次大戦後に影響したとみられる。そして大量生産体制の固定化からもっと柔軟な生産体制に今後、移るのではないか、とした。

さて、山之内報告の重要な文献として挙げられている『イギリスの工場・日本の工場』であるが、同書が翻訳されたのは、一五年近く経った一九八七年となった（訳者は山之内靖・永易浩一、筑摩書房）。訳者でもある同氏あとがきによると、著者ドーアが日本訳にうるさいため、他の日本研究書と異なって書店が出版に二の足を踏む傾向があり、遅れたとのこと。筆者（小林）も一九七一年、サセックス大学にいたドーアを訪問したことがあり、氏の日本語の正確であることに一驚した記憶がある。そのとき、ドーアは開発途上国の研究生を多く集めたゼミで、開発途上国は新しい機械を輸入して工業化を進めるか、古い機械かというテーマで討論していた（拙稿「続イギリスから見た日本」日本研究の項参照、『経済系』第九四集、一九七二年一二月）。ドーアの翻訳〝検証〟によって、他の訳書よりはるかに読みやすい。本報告が「市場志向的雇用」段階から「組織志向的雇用」の段階へと移行・変質したかどうかの山之内報告は、ドーアからの影響を強く受けていることも読みとれる。また、ジョンソンも、*MITI*では引用文献中に見当らないが、シンポジウムの報告ではドーアの上掲書を引用している。

同書は、三部にわかれている。第Ⅰ部「工場」、第Ⅱ部収斂の可能性、第Ⅲ部過去と未来である。第Ⅰ部は主にイギリスのEnglish Electric社の二工場、日立の二工場の調査で間宏（『日本労務管理史研究』〔ダイヤモンド社、一九六四年〕の著者、筆者と大学院同期）らの調査協力を得た。社会学者らしく、経済学者と違って無駄と思われることも細部にわたって書かれているが、労働者らの自宅で面接するという大変な作業を行った大部な研究書となった。ただし、断定は避け、ジョンソンの*MITI*の最終章A Japanese Model? をまさに実験しているといえる。調査の限定もあるが、日本的経営とは大企業（たとえば日立等）の経営のことで、中小企業のそれとは違うこともドーアはよく認識しているように思われる。

第Ⅱ部でも、日本では初期から大企業が出現し、組合と経営者の関係が制度的に固まる前に、戦後の平等主義が

（占領軍のバック・アップで）日本を襲ったといい、イギリスは日本に追いつくか（一三章）という刺激的タイトルで、企業福祉や身分保障、年功、ブルーカラーとホワイトカラーの差縮小（「正社員」化）の動きがイギリスでも増えているが、企業集団主義など文化的要素、産業単位の労働条件交渉などが、イギリスにただちに実現するとは思えない、とも指摘する。戦時中は外部の状況が同じなため、資本主義と労働者の利害が共通していたが、イギリスでは戦後、力を失った（三九六—七頁）。

そして、第Ⅲ部では、文化構造、すなわち儒教的世界観が「近代化」という新事態に、多少変容しつつも応えることができた。まず、性善説。権力の座にある者が思いやりや信頼をもって訴えれば、それに応える。またかれが目指した理想は家族主義や国家のためであり、利己的目的だけで他人を搾取している人間でないこと。そして、世間の評判だけでなく、利潤、成長、効率に役立つ制度の改革にも関心をもったこと。さらに、合理性についてドーアは、次のように記す。「GNPの伸び率から判断すれば、このようにして作り出された制度が、効率や、利潤、成長を現実に促進したものと思われる。その新しい制度は『合理的』であった。しかし、同じ『合理性』に導かれながら、資本主義国日本と資本主義国イギリスでの経営政策はなぜこのようにも相違してしまったのか」（四四七頁、傍点著者）と自問、一九〇〇—一九二〇年に「日本的制度」が制度化されつつあった日本と、一八五〇年の雇用制度と労使関係が制度化されたイギリスとでは世界は大きく変ってしまった、という客観的条件に求めている。後進国日本と先進国イギリスでは同じはずがないからである、とする。「日本的制度」のいくつかは、封建時代から直接つながっている、というういい方もする。したがって、文化をドーアは否定はしていない。では、後発効果（第一五章）という最終章はどうか。

この章で、ドーアはイギリスのシステムを「日本的方向」へ押しやるといういい方で「収斂」という言葉を使ったが、日本のシステムを特殊な「文化的要因」だけで説明する方法はとらない。他の要因も影響を及ぼしており、イデオロギーと関係なく採用されるような要素を、発展途上国でテストすべきだ、と逃げている。社会学者らしく、経済の叙述には疑問とするところが少なくない（たとえば、問屋制家内工業がイギリスで発展し、日本は少ないなど）。結局は、この章でガーシェンクロン・モデルを引用しているので、国営工場がモデルとなったともいう。しかし、不熟練労働者を企業が訓練するという観点があるためか、ロソフスキーがいう日本人労働者の質を問題にせず、組織のみで、「勤勉さ」という文化的見方で味付けしているだけという不満も、本書を読み、感じた。

ただし、ドーアの提起は、日本版への序にあるように、これまで支配的であった「文化決定主義」説を否定し、文化的伝統も重要であろうが、より決定的な条件は「後発効果」ではないか、とした点にある。「先進」国に比べてよりきびしい制約と同時に、工業化過程で優遇された「後発」国として、合理的な対応として日本的労務管理制度が生まれた。このシステムが後期資本主義に適応しているから、西欧の制度がそれに収斂（be astringent）あるいは接触（contact）してくる可能性が強い、というのである。ただし、同書を読んでいてただちにわれわれが疑問に思うのは、ではアメリカの型はどうか、という点であろう。イギリスの工場はアメリカの工場の先駆であり、産業別労組などの動きは、共通している。ところが、ドーアは、アメリカでも組織志向型雇用制度はかなり進み、西ドイツ、フランスでもそうである（四〇五―六頁）としている。では、アメリカの同書批判は、どうか。欧文書評だけでも一九七三―七八年、二四本も出ている。特に、コール（Robert E. Cole）との間でのドーアの論争を紹介した大東英祐「*The Journal of Japanese Studies* の『日本的雇用制度』特集をめぐって」（『経営史学』第一五巻第一号、一九八〇年四月）は、問題点がよくわかる。アメリカ人研究者による日本研究の上記雑誌第四巻第二号（一九七八年夏季号）に掲載されたもので、訳本あとがきにある二四本より新しい書評である（大東稿にある W. Mark Frain のドーア批判は、ここでは略す)。

コールの提起した問題点は、大東稿によれば、次のとおりで、ドーアの反論もある。⑴工業化前の社会構造の影響。日本の問屋制の未発達を市場原理の浸透度の低さを示すものとし、問屋制と工場制度の不連続を強調するのは、繊維業の連続性の事実からも誤りである。また、イギリスの囲い込みと日本農業の小規模性や長子相続制が、等価な機能を果たし、後発国のモデルになったとするのもおかしい。〈ドーア〉問屋制の未発達はやや誇張があったが、断絶という主張は変える必要はない。先進国に対し、次の工業化の波は若干の市場志向的要素と小農民の国々であった。⑵政府の役割。後発国も先進国同様、労働問題の解消には国家レベルの政策を要したはずなのに、軽視している。日本の経営者は労働組合の出現を不可避とみて、それを先取りするような労務管理を実施したというのは強引な論理である。〈ドーア〉政府の役割を低くみたが、後の点は、協調会(一九一九年成立)の動きなどをみれば、先取り論は成立つ。⑶在来技術と近代技術の断絶。両者の断絶の程度は、ドーアのいうほど大きかったとは思えない。〈ドーア〉断絶の程度は日本のほうが大きいことをコールも認めているのであるから、それは時期の問題となる。日本は親方徒弟制を上回る熟練工の需要が相当遅れて生じた、と考えればよいであろう。⑷経済発展の様式の影響。日本の経営者は経済発展がイギリスに比べて順調であったため、楽観的、計画的に高価な輸入機械、大規模企業、官僚制機構が生産労働者のキャリアー管理のモデルになったと後発効果をロマン化しすぎる。〈ドーア〉一般論として、事後的にそうみえることと、当時の経営者の心理状態は区別すべきことは当然だが、ここでは、まさに経営者の心理を問題にしているのである。⑸「後発効果」仮説について。この説を否定するものではない。ただし、それは時期の効果(period effect)の現れのひとつで、一国の内外の条件は常に変化しているのだから、一般化は容易に成立しないとみるべきだろう。〈ドーア〉「後発効果」仮説は直線的な一般化だけではないが、長期的には、一方向的なものとして認められるのではないか。前著以後、現在では「後発効果」を二つにわけて考えている。ひとつは、近代性要因（modernity factor）で、後発国が工業化期に、先進諸国でも一般化してない制度や技術などを逸早く取り入れるという可能性である。他のひとつは、後進制要因（under-development factor）で、後発国の社会構造、先進国との関係から生ずる要因をいい、技術格差、二重構造、農業における労働市場の欠如、ナショナリズムなどである。日本的雇用制度が、近代性要因（前者）をもつ限り、各国にモデルを提供しうるということになる。

以上のコール－ドーア論争について、「主として近代性要因と肯定的な側面の強い後進性要因を軸にして論ずるのがドーアの見解である。これに対して、『日本的雇用制度』の経済的成果は産業民主制の未確立という重大なコストによってあがなわれた面があり、近代的工業の発展（近代性要因）は、伝統的な制度や技術（後進性要因）を基軸にした産業の発展によってはじめて可能であったのではないかというのがコールの立場のように思われる」（前掲書、一二〇頁）と総括された。

筆者（小林）としては、ドーアが労働組合の先取り論や繊維産業の役割の軽視はありながらも、文化的要因と制度というものをどう分離できるか、とした挑戦的な研究姿勢は評価したい。

四　日本は近代化のモデルとなりうるか

「日本近代化論」を再考してみて、考えついたことをここに、一応のまとめとして述べておきたい。

第一に、「近代化論」をふくめて経済理論も、そのときどきの、その研究者が属している国のおかれている政治経済状況と、決して無縁ではない、ということである。したがって、永久に、その理論を継続させることはできないかも知れない。たとえば、一九五〇年、アメリカの日本研究がにわかに盛んになったのは、朝鮮戦争の勃発が影響を及ぼしていると思われる。北朝鮮・中国対韓国・アメリカ（という連合国）の直接対決として局地戦の姿をとりながら、南北の将来像に、また、日本が自由主義陣営の模範として調べるべき国として、近代化論の対象となった反映である。アメリカは、朝鮮戦争の結果、南・北朝鮮の現状維持に成功すると、フランスが五四年に植民地を放棄したベトナムに五五年に介入、共和国を建設した。一九六〇年の箱根会議は、米国アジア学会（一九五九―六九年）に付置された、近代日本研究会議による六二年一月のバミューダ会議の予備会議であった。したがって、日本側の学者が警戒し、「近代化」そのものを米国側のように客観的に扱えなかったのも無理はない。J・F・ケネディ政権（一九六一―六三年）のベトナム介入、七三年の撤兵もアメリカの近代化論に失速をもたらしたことは、ジョンソンも指摘した。そして、一九七〇年代、（ベトナム戦争の結果としての）アメリカの失業とインフレーションによる七一年八月一五日を期してのドルの金兌換停止に始まるニクソン・ショック（筆者は偶然、八月一日にイギリスへ留学の旅行者として出国したが、日本政府がドル所持しか認めないため、ドルの下落にさらされた。ある空港では、コーヒーを飲んでもドル支払いを拒否された経験がある）、日本の頭越しの中国の国連復帰決定（一〇月二五日）もあった。円の変動相場制決定（八月二七日）は、それまで一ドル三六〇円を友好的に維持した日本の、アメリカからの離脱を促し、ヨーロッパへの商品輸出動機ともなる。一九七三年、七九年の二回の石油危機を乗り切った日本は、アメリカとともに二大覇権を目指し、一九八〇年代「集中豪雨」的な自動車対米輸出に象徴される日米経済摩擦が始まった。そして、一九九〇年代、日本のバブルの崩壊、アジアの躍進、そのアジアの一部のバブル崩壊、アメリカの株価騰貴にみられる景気回復で、八〇年代あれほど注目された「日本的経営」も、外国研究者の注目を惹かなくなり、それは「日本近代化論」にも微妙な影を落している。

第二に、経営近代化の国際比較で強調したのは、日本の近代化にみられる合理主義（rationalism）である。本稿「はじめに」にもふれておいたように、『徳川の宗教』（原題）を著したベラーが日本文化の中にそれを認めているし、ジョンソンも*MITI*の中で、また、ドーアも前掲書*English Factory-Japanese Factory*の中で、認めている。ベラーと違い両者は、文化構造ではなく、制度として合理主義が存在したとしている。ヴェーバーによると、政治権力が近代官僚制になると合理主義が徹底されるが、plan-rationalityが最終的にはmarket-rationalityに行くとジョンソンは考えている。一九八七年の国際シンポジウム「地域研究と社会諸科学」の報告でジョンソンは、*MITI*で戦前の日本については「資本主義的発展志向型国家」という概念を考えなければならなかった、といっている。しかし、*MITI*を読む限り、全編をそれで一貫して戦後の官僚制を理解しようとしたとは思えない。現在のアメリカが示すmarket-rationalityを最終の姿と考えているジョンソンは、「発展志向型」に特徴的なplan-rationalityはその前段階と考えていることは、明らかである。ジョンソンは、市場合理性が支配する現在のアメリカを基底的に肯定して、合理性の最後の姿と考えているのであり、決して、市場原理と乖離した資本主義を考えているわけではない。

第三に、戦時動員体制が戦後の社会民主革命と結びついて、現在の日本社会を作りだしているのではないか、とした山之内靖報告、また、ジョンソンが*MITI*で展開したように、産業合理化運動、産業構造改革など一九二〇年代からスタートしたものが、一九五〇年代に開花した、したがって、一九二五年の商工省設立は一九四九年の通産省に連続した、いわゆる戦前－戦後の連続説は正当であろうか。国家権力によって「日本資本主義論争」が弾圧され、社会民主革命を今こそ達成するときと意気込んでいた日本人学者は、戦前からの連続説は感覚的に受け入れられないものであった。山之内報告も、日本は戦後の改革によって戦前の社会関係を清算したとみる断絶説が、一九六〇年代までの歴史研究において有力であった、としている。一九六〇年の日米学者による箱根会議は、こうして、日本の近代化を客観的に分析するムードになかったことは、ただちに理解される。そして、山之内報告では、アメリカの戦時動員体制も戦後アメリカの労使関係に大きな影響を与えているという研究が紹介されている。継続か断絶かは、拙著『通産省の起源と政府』(世界書院、一九九九年)の四、五、六章で扱う日本の両大戦間の政治経済状況の実証的研究によって判断されよう。ジョンソンは、政策の実施者としての日本の官僚にすべてを託したにもかかわらず、官僚のイデオロギーの欠如を国際シンポジウムでは肯定している。また、日本の財閥への理解が常識的で、戦後の発展のリーダーとなった戦時中の位置の大きさを十分に理解していない。

最後に、近代化において、民主主義と資本主義との関係はどうか、という点である。ジョンソンは、日本の急速な経済発展に目を奪われたせいか、民主主義と資本主義的発展を分離して捉えた最初のアメリカ人研究者という印象を受ける。しかし、大勢は、民主主義の基礎のない国は経済発展をもたらさないという共通した考えが、アメリカ人研究者にはあるといってよいであろう。それは、ここ一〇年、世界で起こった政治事件のために確定的とさえなった。一九八九年、社会主義と資本主義の境界の象徴というべき東西ベルリンの壁撤去、同年の天安門事件、それに続く九一年の共産主義大国ソヴィエトの崩壊が、民主主義と資本主義についての考え方の論拠となっている。最後に残されたもう一つの大国、中国の国営企業の株式会社化宣言(一九九七年九月一二日、第一五回共産党大会)も、資本主義の市場原理を肯定するかにみえる。一九九七年七月一日は、イギリスが香港を中国に返還した年でもある。

一九九七年九月、『日本経済新聞』は「二〇世紀とは何だったか」を一四回連載した。執筆者は英、仏のほかハーバード大、マサチューセッツ工科大、コロンビア大のアメリカ人学者、そして日本人学者である。九月一〇日号で、中村隆英は高度成長の芽は、戦前戦時に用意されていたとし、戦争末期に成立した軍需会社指定金融機関制度が旧財閥以外の企業系列の源流となり、産業報国会は、企業別労働組合を作り出す母体となったとするとともに、占領政策が統制を撤廃、競争を促進した等、やや概説的、結果論的ではあるが、日本経済の二〇世紀の基調は、統制経済ではなく自由経済であったとした。断絶説よりも継続説に立っている。一方、アメリカ学者のうち、インド生まれのジャグディシュ・パグワティは九月一一日号で、一九世紀はイギリス、二〇世紀はアメリカ、そして二一世紀は太平洋の世紀（先頭に立つのは日本）と八〇年代はいわれてきたが、二一世紀も「民主」「市場」を原則にグローバル化の旗手・アメリカであるとした。同じくインド生まれのアマーティア・センは九月八日号で、「リー仮説」（リー元シンガポール首相の見解）から、権威主義的な韓国、シンガポール、改革路線後の中国などのほうが、それほど権威主義的でないインドなどより高い経済成長を記録した事実はある。しかし、経済発展を市場システムの両輪として支えるのは民主主義で、市場開放による競争その他の政策をとる民主主義国では飢饉は起きていないという指摘、多くの経済専門家は経済的インセンティブ（市場システムが提供する）を推奨する一方で、政治的インセンティブ（民主主義体制が提供する）を無視することに警告している。ドイツ生まれのルディガー・ドーンブッシュは、九月九日号で現在の経済自由主義と個人主義の世界は、過去に例のない新しい世界ではなく、実は一世紀前に戻っただけだ、とする。一九三〇年代半ば、世界経済と自由主義経済が破壊され、政府活動の重視を提唱したケインズ経済学と国家の経済活動の拡大は、「大きな政府」を生じさせた。しかし、福祉をふくむ公的部門拡大は高くつき、攻撃され、国営企業の民営化や国際化、福祉国家の廃止など「小さな政府」への動きが進行している——不平等拡大の問題は残して。そして、あのジョン・K・ガルブレイスは九月一二日号で、二〇世紀はアメリカのような豊かな国にも貧困が存在しているが、安定した政府は進歩に不可欠であり、マーケット・システム——古くは資本主義と呼ばれた——の優れた点は、それ自体に原動力が内包されていることである、と結んでいる。

補章　滞欧日記

本稿は、一九七一年一〇月一日より一〇月三一日の、ヨーロッパ一三カ国およびギリシャを訪れたときの日記である。

この日記は、一九七一（昭和四六）年一〇月という一カ月間の旅行記にすぎない。だが、あとがきに記すように、この見聞は、当時、現在のように情報、資金豊富な旅行と違う何物かがあると信じて、活字化するものである。したがって一字も手を加えていない。カタカナで書き流したものも、そのままにし、内容的に文脈がたどれないもののみ、［　］で補った。幸いにも、プライベートなことは全く書いてなく、オランダ、アムステルダムで買った一〇×二〇×一センチメートルの小ノート、値段一・一五（一ギルダー一五セント、一一五円）、表紙に「DIARY Oct. 1 ~ Oct. 31, 1971, Europe, Greece」と自著しているものを公けにしたい。

Amsterdam より Napoli へ

一〇月一日　Fri.　fine　Amsterdam

朝一〇時二〇分発で船でオランダへ行く。船中で Scots と French の合の子という七四歳の老人に会った。ゴム園を経営していたらしい。第一次大戦中、大学におり、二年遅れ、第二次大戦中にインドネシアから帰った。外地で奥さんを亡くし、一人でエンジニア関係の仕事をしている。インド人はよくない、中国人もアヘンを飲んで、とくに二日働いたら、あとは働かないという。日本は一週間ほどしか行かなかったらしいが、良いとも悪いとも言ってなかった。お茶ごちそうになる。こちらは Scotsman の親切なこと、旅行のことなどを話す。diary をつけているだろうといわれて、このノートを一〇月二日、Ams. で求める。

Noch van Holland では一等にのり、同室の婦人は下りるとき、インドネシアンかと聞いた。何でもインドネシアの教師がいたらしい。オランダ語はドイツ語と（殆んど）同じで、聞いていると何となくわかる。

夜、各家で明りを（つまりカーテンをひかないで）家のなかを各部屋ともみせているのは開放的だし、きれい（flat［アパート］も）。また、船のマストにも電気をつけている。

一〇月二日　Sat.　fine　Amsterdam

町に出る。歩く。オランダの家（繁華街の）は、芝居のセットのようになっていて、そして面白いのは、各階に荷物を揚げるときの hook が［建物の一番上に］ついていることで、合理的といえば合理的である。

交通がこわい。イギリス＝日本と反対だから、習慣というのは恐ろしく、交通事故に気をつけよう。また、若い娘がバイクにのってのりまわし、自動車の間をぬっていく。自転車も多いし、よくこれで事故が起きないと感心する。

国立美術館もよかった――とくに、オランダ人は symmetrical な画き方、作り方をしなく、どこかイビツなところが面白い。陶器もよかった。市立美術館。modern art に対する配慮は断然あり、モンドリアン、ホンタナなどの作品が多かった。しかし、圧巻は Van Gogh で、こんなに沢山の作品をみたのははじめてで、やはり、相当なデッサン力があったことがわかる。一八八八－一八九〇年の狂気になったころが多作である。

イギリスにしろ、オランダにしろ、植民地でしぼりとったので、かかる繁栄が維持されているのだ。

一〇月三日　misty/fine　Amsterdam

今日は windmill の旅へいく。一八ギルダー。風車、かつては一万もあったのがいまは五〇〇以下というが、これは当然のいきおいであろう。guide が英・独・仏語でやるのも面白い。風車には種類があって、spice とか oil とか穀物かによってちがうという——形が。とくに国が保護している三つの風車スケッチしたり、写真にとったりする。

バスで会った大学生と Dam［ダム広場、市の中心］で昼食を一緒にする。一日八〇〇円でとまっているそうだ。ただ、こちらが中年［四〇歳］だというと「まだ二〇代でしょう」というのにはア然とした。相当くたびれていると思うのに、人はみてくれないものだ。

イギリスもだが、日曜となるとどの店もしめている。ところが、本屋、家具屋を問わず、奥の方まで照明を明るくしてねだんをこちらに向けておいてある。売りもしないくせに、display の精神は、ここにもある。エスカルゴ［かたつむりの形をした公衆］便所同様——汚いが——イギリスでは人間が住んでいるのできれいだが——何の役にもたちはしないと思うのだが。あんなに display に腐心するヒマに店を開けて売りゃーいいじゃないか、と思う。

Holland の場合、とくに Ams. の場合、イギリスより南にあるせいか、display は極端なほどである。カーテンをし、［閉めないで開けて両側で留めている（絵、略）］白いのが多いので、テーブルに家族がついてお茶をのんでいる姿がよくみえる。——ふとアンデルセンのマッチ売りの少女［が外の雪の中で暖かそうな家をのぞいている姿］を思い出す。

ところで、オランダの時計はわりあい狂っているのが多い。帽子をかぶっている人も多い。アムステル［ダム］の

水の都ストックホルム（スウェーデン）

歴史博物館、大したことはない。むしろ、一五世紀―一六世紀にかけて建てた建物の方が面白い。例の hook は 17c. の絵にもあった。牧場は水濠で仕切ってある。だから、うま、牛、ひつじ、みな、みごとに分割されている。Ams. なかなか美しい町だ。sketch もやる。コンテを使う。「レンブラントの家」エッチングの［が］多い。レンブラントは多作というよりも Shakespear 同様、複数説をとりたい位だ。

一〇月四日　Mon.　Kφ BENHAVN

コペンハーゲンへ行く。ここでは中大の学生と会った。銀行の就職に受かったので、来たという。大学紛争など話がはずんだ。かれと駅の周辺をさがし、75Kr.［Krone］で二人で twin room をとった。安い。

一〇月五日　Tues.　Kφ BENHAVN

朝早く、人魚の像（アンデルセン）をみにいった。ここでも日本人が多数いる。この公園には五稜郭と同じような城があり、依然としてスウェーデン軍隊が使っているので、booklet ないか聞いたが、軍隊が使っているので、観光的なものはないとそっけない。ここにも windmill があり、きれいなので写生した。ここではじめて（外国旅行中はじめて）、写生している高校生のグループに会った。恥ずかしそうに写生しているのも一興だった。

KøBENHAVNは、手織、玩具をその製作販売店で買う。前者約千円、後者約一、五〇〇円（サル）。狭いと思って歩いたがかなり広く、疲れた。デンマークがナチと斗っていた頃の記録が生々しく写真に、また新聞がとってあり、「デンマーク国民はいかに戦ったか」ということを記している。戦時中の地下で発行された新聞や、ストライキの模様、とくにユダヤに対する迫害がひどかったようだ（これはAms. の歴史博物館でも、展示してあった）。

ここではsexy centreというのが繁華街にあって、あやしげな写真を売っていた。

一〇月六日　Wed.　Stockholm

夜行でStock. へ行く。一等ではItalianらしい者と同室のコンパートメントだったが、くさかった（多分靴下のにおいだろう）。途中で下車した。朝早く着く。夜行はつかれる。StockはKøBENよりも更に太陽が真横から輝いている印象で（Osloはもっと横）、コントラストがはっきりとして、写真にとりやすい。ところが、よいpostcardは売ってないのが普通で、これは写真機の普及と関係がありそうだ。歩いて、王宮や、中世の姿が残る場所（Gamla Stan）を写生する。いつかRothenburg［ドイツ］で画いたのと同じ水道を画く。石畳を下りて、美術館、これはひどいもので、陳列の仕方がめちゃめちゃであり、もしかしたらSweden映画のあの脈りゃくの無さと関係があるのではないか、と思った。歴史博物館はこれに反し、非常によいもので、これは館長の能力と関係があると考えた。いっぱんに、国立（National［museum］）で金をとるのは文明国とはいえないような気がする。やはり、Englandはこの辺、一流の文明国である。日本もそうあってほしい。

ここでは紅葉がよかった。写真何枚かとる。二人水兵に会ったので、［撮ってくれるよう］頼む。と、一人がこいつは写真が得意だといっていた。

歴史博物館へいったら、巨石時代からの発掘物が陳列されていて、また、Vikingの時代の遺物が豊富だった。Kφbenhavnでは三時に閉めてしまったので、みられなかったが、Viking関係みられたのでほぼ満足する。

夜六時、hotel accommodation開く。いかにも親切そうな老女が、singleでbath付をさがすがない。そこで、Hotel Romaなるところに決まる。ところが、これがちいさいhotelでいくらさがしてもない。何人かに聞いてようやくみつける(taxiを使うべきだ)。あまりきれいではなく、朝食も出さない。しかも、ローカにビールを飲みながらカモを待っている奴が二人いて、大男の方がタバコくれときた。もってないというと1Kr.[クローネ]くれ、部屋に入ってくるので追いだしてやると、5Kr.、ノー、1Kr.といって渡した。ゆすりだ。ホテルの管理ができてない。何かイタリア人経営の奴らしい。あまり、安宿はキケンだ。35Kr.[一、六八〇円]そう安くないのに。

十月七日　Tues.　Osloφ

朝七時から一時ごろまでの汽車は、天国へ行くのではないかと思われるほど周囲の景色は美しかった。つまり、白カバという白カバが黄葉していて、白とキイロが美しくマッチ。また、汽車が水辺を走っていくのできれいであった。

Osloφ。いままでにくらべては、何となく整然としてない感じ。Stockと同様、懸命に都市づくりをやっている。ただ、太陽が真横から輝くので、コントラストがすばらしい。

六時、accommodation開く。首都なのに、Osloφはサービスの悪い駅だ。singleで、private bath付というのをさがしてもらったが、ない。結局、21Kr.(これはやすい[一、〇五〇円])わりあい、よい部屋にとまった。

一〇月八日　Fri.　Osloφ

朝から、Kon Tiki、Viking-Ship などをみにいく。対岸の島［Bygdφy ビグデョイ］にあるのだが、これが、別荘地帯とみえて、美しい景色を占めていた。しかし、展示じたいは大したことはなく、Norway はやはり、文化的にはイナカという感じがした。Norway の大学の付属歴史博物館も、そう大したことはない。巨人の（とくに女性）多いのには驚くべきで、やはり、Viking の直系だけのことはある。また、料理もとくに、スープがすごいボリューム。大たい沢山食うらしい。

夜行で Kφben へ行く。

一〇月九日　Sat.　Hamburg

Kφben へ、そして Hamburg へいく。

朝下痢。やはりつかれがたまった感じ。

はじめ、間違えて二等に乗ってしまったが、隣に Swedish dentist と一緒になった（一等にのっている人物は日本同様、必ずしも、インテリとは限らず、老人多く、かえって二等客の方が話かける。Eurail pass が一等なので仕方ないが）。

まず、天皇の話から。日本人はたんなる象徴として考えているというと、しかし、戦時中は大権力をもっていたので、ハラキリもあえてやったのだと反論された。こちらは lost dignity を説明した。日本人は本来、平和愛好国民である、というが、この点はあまりなっとくできないようだった。日曜、土曜はハイシャは休みだそうだが、日本同様、忙しいといっていた。

Christianity の問題に移り、かつてはポルトガル、スペインが来て布教したが、日本は鎖国をとったため、現在は九〇%以上が仏教徒——これは驚いていたようだ、しかし、信仰ぶかくなく、temple にいかないというと、Swedish も教会にいかないといっていた。

さらに日本語を書いてくれというので、小林正彬のサインを書き（diary の裏）、日本はこの各字がイミをもっているといって、小林、とくに森という字をかいて、これはどうだという、沢山の木とかいっていたが forest となり、小ヒザを打って喜んでいた。漢字として China から来たこと。すると、中国が使っている漢字と日本人が使っているのと同じかというので、結局は新中国は別漢字を採用してちがうところもある。カタカナ、ひらがな。ヨーロッパABCは二六字だがどうかというから、四八字という。いろは——は sentence［色は匂えと散りぬるを…］になっているが、アイウエオはちがうなど。

Swedish の歴史に話がとび、「なぜ侵略しなかったか」とややドギつい質問をすると、かれは、説明してくれた。日本が海にとり囲まれているために、侵略を避けえたというと、Sweden も同じだとして、別図のような地図［略］を書いてくれた。ロシア・オランダ・デンマーク・フィンランドからの侵略を［険しい山脈が日本の海と同じ役割を果たして］さけえたこと。スウェーデンもかつては侵略をしたこと。一時、ノルウェーとスウェーデンが同じ女王によって統治されていたこと。いまは、NATO に Norway と Denmark は加盟しているが、Sweden は入ってなく、独自に軍隊を強化していること。徴兵制も一〇～一五週間行くこと。日本人にはそれがないというと、驚いていた。日本はしかし、軍隊はもったはずだという。

一〇月一〇日　Sun.　Bruxelles

Hamburg は土曜日も二時終了で何も買えず日曜日は汽車にのっているほかないので、TEE（Trans-Europe-Express）にでものろうとしたが、予約なしではだめ（too late）。そこで一一時二〇分発の Aachen 行にのり、Aachen からベルギーの Bruxelles（ドイツでは Brüssel）へ行く。途中、T.R.［トランジスター・ラジオ］を聞いていたおじさんが、サッカーでドイツが三対〇で勝ったといった。Güte Reisen! で Auf Wiedersehen!

ＪＴＢ編の本でみておいたので、一流ホテル中、料金の一番安い所にとまる。一パッで大丈夫だった。創立一八六八年、明治維新と同じ年だ。ヨーロッパはどの都市でも、道路整備、地下鉄工事、旧老朽施設改廃その他で、実にうるさい。東京だけではない。ブラッセルの場合、石畳の所が多く、これでは舗装だけでもたいへんだ。今度は全部フランス語。

とくにパスポートを見せろという警官が、一寸わからず、ボヤとしていると、例のフランス人の両手を拡げるジェスチュアでいうのにはガッカリした。それが商売なら、英語で「パスポートを見せろ」位いえないのかと腹立たしくなった。一般に、ベルギー人はとくにフランス語は大げさで、うるさく、何か小国民的な印象を受けた。

The Sunday Telegraph によると、Hirohito はこのベルギーで卵をぶつけられたらしいが、とかく、王室があるところはろくなことはない。

ベルギーの町は汚ないが、これは、他のヨーロッパ諸国より道幅が狭く、また、建物という建物は広告がつけられていて、美観を損ねている点にある。この点は日本も反省すべき点ではないか。

一〇月一一日　Mon.　Brux → Luxembourg

Grand Palace［グランパレス］。ユーゴーが「世界で一番美しい広場」といったというが、それだけのことはある。

一六何年に立っている建物、つまり一七世紀の建物が単独でなく四方を取かこんでいるのだから壮観だ。一方で、巨大な官庁街が近代建築でそびえているといったところだ。

久しぶりに、Cathedral Sainto-Michel et Gudule［聖ミシェル・ギュデュール寺院］を描く。ノートルダムの怪獣が使ってある。そこは貝料理だそうだが、胃の調子がStock［holm］でbeer飲んで以来、よくなく、やむなく定食にする。

一〇月一二日　Tues.　Luxembourg-Zürigh

小さな国の首都。

Alfa Hotelにとまる。駅前の大ホテルだ。朝から三時頃まで散歩する。とくに、Pont de ——という橋のあたりはきれいで、むかしの城あとが、谷間にruinとなってみえる。ここで写生する。ついでNotre Dame寺院を写生する。ついで、Lux.の国旗が沢山出ているところに出る。ここには教育省、王宮、その他離れているが、大蔵省などがある。ところが、大邸宅ていどの大きさしかないのは愉快だった。金は一、五、一〇フランがLux.が発行しているが、同時に、ベルギーの通貨も流通している。

国民意識は、電車の前に国旗が画いてあったり、また、方々に青・白・赤の旗（フランスと反対に［縦でなく］横）が立ててあったり、また、一九四〇—一九四五年の第二次大戦の戦死者に沢山、花たばがあったりである。

スイス同様、銀行や、信託会社が多く、外国資本の富豪の預託国とみた。

一〇月一三日　Wed.　Zürich-Milano

また、チューリッヒにきた。

なかなか宿がとれず、また、また、悪質なtaxiにひっかかって、方々行かされ、結局、22Fr.＋3Fr.（朝食）＋一〇フラン＝taxiという結果となった。高いものにつく。やはり、不案内なところはtaxiで行き、また、あまり安宿はコワイからやめるべきだ。

TEEでスイス国内を通る。さすがに山があった。きれいだ。ここではじめて沢山のトンネルを通る。

夕方につき、一流ホテルにとまる。Hotel AURIGA MILANO、一泊七、五〇〇リラ（四、五〇〇円）。一寸格を上げすぎたかな。昨夜は朝食付で二、〇〇〇円だったのだ。

ノートルダム寺院（ルクセンブルク）

一〇月一四日　Thurs　shower　Napoli

MILANO→ROMA (Milan→Rome) ①、ROMA→NAPOLI (Rome→Naples) ②、①はTEE、non-stopで、これには参った。食堂車がついていて、各席へ食事を配んでくれるのだが、四輌位でふっとばすものだから、酔ってしまって、あまりたべられない。しかし三、〇〇〇円位とられた。これからみると、新幹線の一六輌時速二五〇キロメートルは、すごいことになる。たいしたものだ。

ROMA→NAPOLI。景色はぐっとよくなり、緑が多くなる。カミナリがなり、一時間近く遅れたが何ともいわない

――この感覚はヨーロッパ人に共通だが、接続がないためか、あまり考えられていないようだ。

一等車の人種、サラリーマン、文士、将校、若いセールスマン、自家営業、私と六人だが、このなかでは文士――だろうと思う――がいちばん立派な顔をしていた。

イタリア人は三種ある。
①丸顔でヒゲをはやすと立派なの。
②ラフ・バローネ型。マツゲと目が近くて、馬づら。
③毛が捲いていて、いわゆるイタ公。色は黒い。
軍人はまったくコッケイだ［将校の軍帽の絵、略］。勲章という奴、北欧の博物館で、これは、金貨から発展したものだ――と知ってから、ますます、いやになった。マンガだ。

例により、駅近くにとまる。シャワー付四、五〇〇リラ（二、七〇〇円）。広すぎてどうしようもない。NAPOLIでこんな所に泊まるとは！

一〇月一五日　Fri　shower　NAPOLI
天気きわめて不安定。
だが、敢てPOMPEIの遺跡のツアーにのる。POMPEIだけは、私一人。ナポリタン・フラッグ［flag］とよばれているセンタク物の下を通りながら、いく。カメオ［cameo. 浮彫装飾品］の店にとまったが、よくみると、実に下手だ。日本では通用しないだろう――こんな技術では。
A.D. 七九年

突如として数千人の栄えた町が、灰の下になったが、ローマの植民地としても、大したものだったらしい。とくに、車のワダチの跡が石をえぐってきっちりとついており、いかに栄えていたかを示している。馬をつなぐ石に掘ってある穴、横断歩道の石［絵、略］。一人でしみじみと来たかったが、やむをえず、団体に加わった。英語の解説があるのでやはり、よい点もある。

どこの駅にもそっけない駅員がいるが、NAPOLI の英語が話せる奴はとりつくしまがない。ともかく、Brindisi［イタリアの地図でいえばカカトにあたる港］という辺ぴなところへいくのだが、三本しか教えてくれないものだから、結局 Looks の時間表にある Rapid で明日行くことにした。そして、また同じ駅前旅館にとまる。shower［bath］なし三、五〇〇リラ（二、一〇〇円）。この部屋はよかった。

一〇月一六日　Sat.　cloudy　Napoli-Brindisi

Napoli、歩いているとヤパン、ヤポネーゼとうるさい。子供はとくに。しかし、これは金離れのよい日本人だけが横行した夏の名残りであろう。レストランに入ったら menu をもってきて、DAIHYOTEKI〝代表的〟?と書かれたのには、いやになった。喧騒の町で、自動車、とくに Fiat の小型が普及しているので、これがじゅずつなぎになると、一せいにブーとやるので、そのうるさいこと。

しかし、国立博物館をみるに及んで、この巨大なチョーコク［彫刻］群を生みだしたイタリア——とくにローマ——のエネルギーは大したものだったと再考した。しかし、このエネルギーは残っている——イタリア人に。イタリア［ラテン］語だって、実は英語その他のもとだ。

Brindisi にようやくつき、船にのる。これで、まる一日かかってアテネだ。

夜はぐっすり眠った。

Athenai より Paris へ

一〇月一七日　Sun.　cloudy　Athenai（AΘHNAI）

夕方、ギリシャにつき、それから五時間バスでようやくアテネにつく。

一〇月一八日　Mon.　fine, shower　Athenai

朝から、アテネ市内を歩き廻る。一人の日本人にも街路上では会わなかった。そして、〝ヤポン〟〝ヤポネーゼ〟、とはささやかれたが、中近東に近いギリシャは、どちらかというと西欧の感覚ではなく、アジアに親近感をもつマナザシである。イタリアのナポリでは、やはり街路上で一人の日本人にも会わなかったが、もっとささやかれた。しかし、イタリア人はヨーロッパ人という感覚が強いのではないか。ギリシャ人はせいも大きくなく、本当にオカミさんそのもの——黒い服に黒い頭キン——もいて、しかも、女性がつつましやかな感じがする。

ギリシャ語は通じないので、日本語で直接話すが、〝実によく通ずる〟。感情は似たり寄ったりだ。

カンバンはスミトモ、ブリヂストン、ダットサン＝ニッサン、ソニー等見る。ギリシャは外国資本に食い荒らされている感。ＢＰ、TEXACO 等石油資本＝航空会社との結びつきも強いことがわかる。American Express とＢＰという具合にカンバンを同じく出しているので、よくわかる。

アクロポリスの丘を下からみた。

ギリシャ三〇〇〇年の歴史は、あまりにも古いものとの同居は、逆に歴史感覚をマヒさせる。したがって、イギリスその他の国のように、一六二九、一八六八とか、家に［建てた］年号をきざんでいるのをみて感心したこともあったが、こんなことはまったく、紀元前九〜八世紀の歴史をもつギリシャにとってはくだらないことだ。したがって、家に年号をふった家はない（イタリアも同様？）。これが、後進のイギリスになるとわざわざ、記す。それほど歴史がないということを、自らあきらかにしていることになる。

昼は「美智子」とかいう日本料理店で、飛魚のヤイタノと、オミオツケとゴハン二ハイ、オシンコで120Dr.［ドラクマ］一、四四〇円トラレタ。夜は近くで、きたない一ゼン飯ヤで、玉ネギとやわらかい牛肉のオリーブ煮をとった。サラダとパンで32Dr.。とてもうまかったので35Dr.を払う。オヤジはとてもよろこんでいた。八月一日の日本出発以来、一番うまかった。ブドー一キロ8Dr.（九六円）、焼グリ一二個八〇円。

一〇月一九日　Tues.　fine　Athenai

135Dr.も払った観光バスのお粗末なこと、つまり、歩いて一時間もかからないところを、解説はつくが、紹介して廻るだけ。結局、最後のアクロポリスの丘がハイライトなのだが、二〇分だというので、下ろしてもらって、あとは神殿［Parthenon　パルテノン］をスケッチする。想像以上にでかい。しかも、この丘は一〇〇メートル以上であり［海抜一五六メートル］、海を遠くにのぞみ、まさに建つべくして建ったという感じがする。ヨーロッパ最大の見所だろう。キリスト教がカマないときは、雄渾だ！一方、ガレキの山という感じがないでもない。

ギリシャ民族は紀元前の歴史をかかえてはいるが、あまりに遠いでき事のため、何の関心ももはや払わないようにみえる。その点、フランスとかイギリスとかの〈後進国〉は、建物に執着することはなはだしいものがある。

丘の下に、オデオンとかジムナジウムとかがあり、ここにも神殿 NAOΣ HΦAIΣTOT　Temple of Hephaistos が

ゼウス神殿跡（ギリシャ）

建っている。新しい（といって［も］一世紀そこそこ）が一番興味あったのは渡り廊下の上のプレート。下からみると［四角い石の中に四角い穴（ガラスか？）があり、それが組合さっている。絵、略］見事なものというよりいいようがない。また、ODEON（ΩΔΕΙΟΝ［音楽堂］）の柱が、TRITONと魚の合の子（よく中世のplazaにある、ギリシャ半神半魚の海神）の原型と思われる。

一〇月二〇日　Wed.　fine　Athenai→Brindisi

また、キノコ型のヤネの［ギリシャ］教会も愉快だ。かえりに、ノミの市に寄り、テーブルクロースらしきもの——壁のカザリといっていた——を二一〇ドラクマを二〇〇にまけさせて、また一三ドラクマ（一八〇円）のヒモ付袋も二つ買う。その前日にも買ったが。

一時半～五時半まで、バスでパトラス［Patras］までいく。

途中はオリーブの木、オリーブの木、だ。「オリーブの下に平和はない」という映画もあったが、ごくありふれた木なのだ。しかし、ミキは太い。太陽に陰になると［絵、略］となり、きれいだ。

ギリシャ船の手間のワルサ三時間も野外に待たされて、ようやく乗船がゆるされる。ひどい国だ。軍事政権下。これが、かっこうをつけるだけのやり方にしかすぎないことは、実に下らない。

ゆれず、食欲もあり、夜たべる。よくねる。

一〇月二一日　Thurs.　fine　Roma

途中で会ったS君と、Brindisi から Roma まで行き、Pension に四、〇〇〇円（二人）でとまる。なかなかきれいだった。

かれも面白い。結局、商売たたんでヨーロッパ旅行しているのだ。ここにも、魂の放浪がみられる。本当にみなければならない（中高教師）がみていなく、みなくてもよい、B.G.［O.L.］とか、就職のきまった学生とかが歩いているのだ。

一〇月二二日　Fri.　fine　Genova

ピサの斜塔へいく。

Pisa（ピザと発音していた。イタリア人）は一見にあたいする。一一七四年起工、かたむきはじめたが、一三五〇年完成、五七メートルだが、何か高い感じだ。実物の方が［写真より］曲っている。全体的には美しいドゥオモ教会［の鐘楼］だ。

また、駅でペンションの奴につかまり、結局ペンションにとまった。朝食付九〇〇〇円。

一〇月二三日　Sat.　fine　Marseille

各駅停車の列車でいく。

途中、ニース、カンヌなど景色のよいところを通るが、日本の伊豆あたりの方が景色は上でないか。モナコ王国にも入った。

そして、Toulon［ツーロン、軍港］へ行った。

ところが、土曜日で銀行はしまっている。駅には exchange がない。荷物も預けることができない。2Fr.［フラン、荷物預所料金］、警官が貸してくれようとしたが、ことわり、［駅構内で誰か英語の話せる者いるか、と叫び、一人見付けて］、結局、英語の話せるアメリカ帰りの男の立会いで、ともかく、一時間ばかり高いところから港を見下したいのだ、フランス人がヨコスカ［製鉄所、横須賀海軍工廠］を作った。ツーロンがその model だというと、私も basket だけで［Fr. もたない］君もか、ときいた。［引換券なしに強引に荷物預所に荷物を置き］ともかく、その男に交換できそうなホテルを教えてもらい、そこで［ホテルで］総合交換所［両替所］を聞いてはじめて Fr. を手に入れた。駅にもどり 2Fr. 払い込み、つぎに taxi を 25Fr. でやとい、ファロン山にいってもらい、山の上から photo をうつした［衣笠公園から見る横須賀港にそっくりで驚いた］。

この taxi は案外安かった。というのは、山の上は、美しいイワと林で、気分がよい上に、博物館を——これは［第二次大戦中の連合軍の］戦意高揚以外のものではないが、beautiful scenery であった。——見る間、taxi は待っていてくれた。結局、この旅行の第一の目的が果たされた。そして、駅前に来たとき、チップ 5Fr. 渡そうとしたら、“non”といったので 1Fr.、感じよかった。

大騒動の末、Marseille［マルセイユ］につく。ここでは Hotel de Noille［オテル・ド・ノアイエ］にとまることを予定していた。taxi を拾い——駅のソバなのに大廻りして——つく。

一〇月二四日　Sun.　sunny　Marseille-Barcelona

Grand Hotel et Hotel de Noille は『明治百年』［NHK出版］で渋沢［栄一が付き添い徳川慶喜の弟昭武がパリ留学の途中、一八六七年二月一五日、このホテルに泊った］、大倉［喜八郎、政商］が幕末にとまったところという。超豪華な建物で、市の中心にある。

私の部屋は一二三号室。便所、bath がわかれていて、四〇畳位ある。一軒分はある部屋。部屋代は90Fr. 五、四〇〇〇円と割合ヤスかった。

かれらは何をここで考えたかと思うが。lift［エレベーター］もばかに古いようなことを書いてあったが、よくある奴だ。朝、check のとき聞いたら、一八八五年創立という。すると、幕末ではないわけだ。

汽車が午後なので少し町を散歩。ここでかつて経験しなかった経験をした。

Marseille の駅のそばなのだが、低地で貧困街に、ほぼ男ばかり、次々とやってきて、ただ歩いているだけなのだ。無言で、暗く、異国、異階級ということを強く感じた。駅のそばのレストラン（FAR WEST というレストランもあった）でみていると、トルコ帽をかぶった男や、その他の男が、次々と、トランク、袋をかついで、やってくる。出稼ぎの労働者が船や汽車で着いたのだろう——全部男だ。何か?ジンとくるものがあった。働いても働いても楽にならないのだろう。

ここにもガイセン［凱旋］門があったが、このガイセン門という奴、まったくイヤミだ。権力の象徴で、そのカゲの悲劇を押しつぶそうとする。

一〇月二五日　Mon.　sunny　［Barcelona］夜行

バルセロナの凱旋門（スペイン）

バルセロナで Euro-Park Hotel というのにとまった。ここは安い。三五〇！［ペセタ、二、一〇〇円］。夕食はサラダを——懐しく——たべた。この一皿で充分な位だ。

バルセロナの町を歩く。

地図で Picasso の展示をやっているところをみるために。その前に、costume の博物館があった。ここでも守衛が「サヨナラ」とかいってい た。日本人は、こんな町にも押しよせた。想像以上によい museum で、17、18、19C. の衣しょうの発展がよくわかった。つまり、Industrial Revolution というのは、simplify［単純化］ということが。しかし、17C. からメリヤスの靴下の発展がみられ、いずれもハバが広いが、メリヤスの発展の古さに驚かされた。

バルセロナの都市計画——立派。

Picasso の方は、千点近くの展示で、タダ（入場料）。これがデッサン（幼時、一八八九年）というのが、一番古いようだ［八歳、なお、この日一〇月二五日は偶然、ピカソの誕生日にあたる］。—— Rutz と署名。クロッキーのたぐい［類］で、実に天才の錬磨をよく示していて、やはり、学問もこれだ、と反省させられた。

閉館までいる。年をとってからのあぶら絵——ピカソ展でみた——色も汚れ、手を抜いている感じで、年には勝てぬという気がした。

The Holy Family Temple［聖家族教会、アントニオ・ガウディ設計、現在も建築中］一八八二という、醜悪な建物をみる。これは、しかし、建築界では大きな問題になったという。

靴七四五［ペセタ］四、〇〇〇円を買い、五年以上の HongKong 製を捨てる。

一〇月二六日　Tues.　sunny　Madrid

夜行、寒く。

しかし、コンパートメントで日本人の若夫婦に会った。建築の勉強という。*Looks* の timetable を進呈する。ボロボロの奴。——しかしこれには editor の名が記してあったし、正確無比だった。脱帽！

post、ベンチ、litter［ゴミ箱］、待合室、便所（ハエが少ないこと）が充分にあることが文明の尺度。マルセイユ、バルセロナは失格。

夜行できたわけは、Toledo へ行くためだった。交通の関係でセビリア、マラガをとりやめたので、やむなく。一二時〇〇発 Madrid でいったために、夜行でねむっていてねぼけていたので、途中下車してしまった。二時間損した。ここで村のレストランに入る。一〇〇［ペセタ、六〇〇円］とられたが、スペインの waiter の折目正しさはかわらぬ。

TOLEDO。

暗くはないが、中世の特色を残した街。途中、pension 紹介のオッサンから泊らないかといわれたが、今日 Madrid でとまるのでまたマニアーナ（明日）Lisboa へいくのでダメといった。スペイン語だが、いっていることはよくわかる。つまり、Toledoはみるところが沢山あって、とまらなければ不可能だ、とか、Madridホテルにもう金はいくらはらいこんだのか、とか。

Toledoでtaxiを拾ったが、結局このオッサンと警官を途中までのせるはめになった。

グレコの家をみた。グレコの大きな絵をみて、最後の電車でマドリードに帰った。

スペインもこれでオワリだ。

一〇月二七日　Wed.　sunny　Lisboa

MINERAL NATURUL［炭酸水］

Madridから九時間かかり、Lisboaにつく。

一等車には、スチアーディスがのっている。ポルトガル娘は目と目の間がはなれているのに一重もおり、なかなかせんさい［繊細］な感じだ。小柄なところも日本人に近い。また、皮ふが、今までみた外国人よりきれいだ。とくに美人が多いとは思わぬが。

途中は、荒りょうたるという感じではないが、広い広い荒原、木といえば［以下空白］。ポルトガルに入ると、木や緑が多くなるが同じ、コルクの木をみた。また、ポルトガルの煙突は独特である。いちじくも多い。

スペイン、ポルトガルとも、この荒野から（荒野の故に）海洋にとびだしたのだ。

一〇月二八日　Thurs.　sunny　Lisboa

TIVOLI JARDIMは、近代的な一流ホテルで、この一カ月とまったホテルのなかでは一番設備が申分なかった。

ポルトガルは、鹿児島ぐらいの気候で、この日は二七度位――*The Times* Nov. 1による――で、秋の平均が一五度（ロンドン一一度！）で、日照時間がヨーロッパでずばぬけていて、ニース［Nice］などより多い（汽車でくばられたパンフレットによる）。

朝から、モザイク（白と空色）模様のきれいな町を歩く。ところが、このモザイクの歩道、歩きにくい。しかし、掃除したくなるような［きれいな］路というのはよいことはよい。みると、古道もモザイクなので、その延長にすぎないのであろう。そして、とても緑の好きな国民（町）だ。乗用車も緑のが多かったし、セーターも緑、バスも（二階建て）、また、日除けのシャッターも、制服もだ。白いかべと緑というものがマッチしている。

また、坂の街だから、とても、画家の食指を動かされる。何ともいえぬ幾何学模様となる。画家だったら、ポルトガルにまず飛ぶべきだろう。

まず、海洋博物館。なかみは大したことないが、海図chart。15C. からのが二〇点ぐらいあったが、つまり、航海をして作図するわけだから、たとえばアフリカなどは、未踏査のところは［白く］空いているのが、まさに、大航海時代をあらわしていて感心した。そして、17C. の海図にも日本はない！

次に、バスコ・ダ・ガマの結局は水族館をみるため歩いたが、どうも名前をとったものにすぎないことがわかった。失格。小さな電車でもどる。

軍事博物館。

例によって例の如し。ただ、鉄砲への発達がわかった。ポルトガルの甲冑はやはり、さんざん侵略のとき使っただけのことはある。

昼食はRoséというポートワインをのんだ。うまい。そして安い。食事とも五〇〇円位だった。

ムラサキの朝顔。

また、写生したら、人だかり。こちらのことを〝ジャポネーゼ〟という船員みたいのがいた。

パン食は伊勢エビ、アサリ、などの海賊スタイルの食事をとる。また、ポルトガルの黒い皮のメロンもたべた。美味。

一〇月二九日　Fri.　sunny　Paris

朝、taxiを拾って空港へ行こうとしたが、なかなかつかまらなくて参った。前夜、一応ツイラク［墜落］も考えて、小林、山瀬［妻の実家］、中川［敬一郎東大教授］、珠子［妻］へ葉書を出したが、TAP［ポルトガル航空］は何事もなく二時間余でParisにつく。

AéROPORT-INVALIDES［アンバリッド］のバスでInvalidesにつく途中、アメリカ人がレインコートを着てこなくて寒いだろうか、今晩酒のんで暖まるとか、Seikoの時計をみせ、新幹線の話をしたりしたので、また、エッフル塔を特別な目でみているので、これは技術者かなと思ってきいたら、やはり、engineerだった。

ところが、taxi――Franceのtaxiはずるく、すぐ近くで15Fr.［フラン、一、〇〇〇円］もとられた（Marseilleでも遠まわりされた）。そして、［ロンドンで予約しておいた］"Oxford & Cambridge"なるHotelへ行ったが、これが、ほぼ九〇〇〇円朝食付の、かのGenovaのpensionなみの宿屋、パリで二、〇〇〇円では、こんなものだろう。

しかし場所はよく、Concordeに近く、また、Louvreにも近いTuilleriesのMetro［地下鉄］のすぐ近くで助かった。

Parisの秋は、白と黒い木影、のこり少なの黄葉と、なかなか美しく、チュイルリー公園を通って、まず、La Tour Eiffelにのぼる。これは、前記の男がエッフェル塔へのぼったかと聞いたから、何となく。しかし、二七四メートルの三階は閉鎖中で［一一月一一日〜三月一五日のはずだったが、一〇月二九日も］、二階の一一四メートルのところで下りる。丁度、日が沈むところで太陽を写し、下りて歩いていると、月がEiffelにかかっていたので、これを写す。ともかく、各地の都市も立派だが、やはり、Parisは爆撃から除外されただけあって、でかい建物がひしめいていて壮観にはちがいない。

夜は中華料理屋で20Frs.で食事をする。日本の歌、日本の歌を中国歌詞でやったり何とも珍妙。しかし、音曲的には日本と中国は似ているのだということが、改めてわかる。

一〇月三〇日　Sat.　cloudy　Paris

実に寒い。七〜八度だろう。頬がつめたく、手袋を買ってくればよかったと思った。

今日はめざすVersailles［ベルサイユ］だ。Invalidesから国鉄で、最後のEurail passを使う（但し、行きも帰りも改札なしでタダ乗り同然だった）。

Versaillesも又、聞きしにまさる大きさだ。まさに豪然（こういう言葉はないが）としてそびえている感じ。広いでかい。内部は、もう見なれた宮殿でしかないが、ルイ一四世の騎馬像の広場を囲んだ建物の大きさは、また、石畳は見物人をしておどろかさせるに充分だ。

鏡の間は、現存の最後のものだ（作りえた鏡の大きさ）そうだから、ここで、日夜宴会が開かれ貴族が窮乏化していったという。

庭も、また広い。運河などがあり、また、何百年も経ったプラタナスの木の並木道に枯葉が一杯であるのは、「第三の男」last sceneを想い起させた。Marie-Antoinette［マリーアントワネット、ルイ一六世王妃、フランス革命で処刑］の好んだというPETTIT TRAINON［プチ・トリアノン］は、finitでだめ、こういうところにoff seasonの悲哀がある。

しかし、歩いていて、京都のサガノ［嵯峨野］などの天皇の別荘もきわめて広いものであったことが思い出された。フランス人は広い景色を好むというが、LouisXIV［ルイ一四世］が好んだ――といいなおすべきだろう。

宿屋に鏡の間そっくりのところがあるのに苦笑。しかし、旧遺産からその国の文化はのがれられないことは事実。

帰途、昼食にエスカルゴをたべた。油でにてあり、うまい。フランス人は外人に対して無関心だと想ったが、最後にthéかcofféeかときき、lemon théというのだが、その習慣が［イギリスのように］ないのか、わからない。そのとき、一せいに客が聞き耳を立てているのには驚いた。

帰り、なお、VersaillesにはÉcole Normal［サルトルなど出した名門校］が近くにあることが、駅前の地図でわかった。

これも念願のPalace de la Bastille［バスチューユ広場］にいく。

解説にBoulevard（Bd）［ブールバール］HenriIVの二九番地の路上に白く牢獄の一部が刻み込まれていると書いてあるが、これは不正確で、実際はレンガで［当時、国事犯の牢獄。かつて中世の城として八つの半円の塔でかこまれた特徴あるもの、革命により破壊、絵、略］となっており、路上だけではなく［建物の形のあとが］歩道にも入っていることがわかった。

寒いのに、道さがしをし、しかも、英語をまったく話さないので往生した。新聞売りのバアさんに聞いたら、まるでからかわれているような調子。

Parisの地下鉄は、英国よりも空気がよい。これは、英国はsmokingを許しているからと、穴が深いからだろう。

また、一等2F（フラン）、と二等1F30C（一フラン三〇サンチーム）がある。下りるときのるとき手動式だ。ただ、わかりやすいことはたしか。のるとき5Fだした男に切符売りのバアサンが、ものすごいケンマクでどなっていた。そして、私が1F½もっているのをみ、「ほら、後ろのムッシューはちゃんと小銭を用意しているではないか」といっているのがよくわかった。その男は、「アーララー」と肩をすくめていた。

一〇月三一日　Sun.　sunny　London

この旅の最後の日が来た。

飛行機は六時。

そこで荷物を預けて、まず、再びBastilleへ行く。そして、昨日の跡をcameraに納め、ついで、Collections Révolutionnaires［革命コレクション］をみにMusée Carnavaletにいく。なかなかみつからない。一二時近く、みつける。そして、やはりこれは必見だと思った。

とくに王を殺した一七九三年に、ちゃちな勲章というよりキ［徽］章ができているが、これは“LIBERTÉ ou LA MORT”「自由か、死か」と書かれており、革命の気概をよく示している。

また、“MESSAGER DÉTAT DU CORP LÉGISLATIFE”と書いてあるのもある。Napoleonの剣にもPEUPLE FRANÇAISと書いてあり、これは王政とはちがう。

あとでしらべたいが、Madam Elithabeth［マダム・エリザベート、一七九四年処刑、ルイ一五世の義妹］のprison of templeにおけるベッドというのが陳列してあった。ひどく、ソマツでボロがぬってあった。

当時の革命時代の陶器には、剣とカマ［鎌］が×となっているのもあり、やはり〈革命だ〉という感じがした。

マーラーがもっとも、すごい顔である。殺されるだけのことはある。

Hotel de Ville［市役所］もついでに歩いてみつけた。都庁にあたるものであるが。

フランス料理をたべたくてもっとも高級そうなところに入ったが、一皿40F（二、六〇〇円）ぐらいで、やめる。というよりフンイキが悪そうなので、近くで、ナマに近いビフテキを何か香料のコナをまぶして焼いた奴をたべるが、こんなBar Buffetでも、結構、うまくたべさせるのには驚いた。

ついで、印象派美術館。

日曜半額1F50C、こんでいた。

しかし、子供のときから平凡社美術全集でなじみであった絵がみられてよかった。しかし、postcard［印刷技術］と本物とはやはり、Franceといえども大分ちがうことがわかる。

ルソーの絵――影響を与えたとはいえ、やはりシロウトだ。ゴッホと同列にはおけない。セザンヌの絵にフォーブ［野獣派］的なのがあった。

一〇月三〇日には、書き落としたが、国立近代美術館Musée National d'Art Moderne。土曜なのにただのため、沢山の人。

画家というものはかなり気分屋で、うまくいったときは、実に完璧な作品をのこす。Picassoあたりでも、ダメなものも沢山ある（ピカソ死にそうなのか死んだのか、特陳あり［一八八一年生まれで、この年一〇月、九〇歳の誕生日を迎えたため］）、しばしば、よく名が知られていない画家にも完璧なものをみた。フジタのも二－三点あり、なかなかよかった。

Air Franceでパリをあとにする。途中、ドゴールらしい人物を金色の金属バン［板］を背景にした記念ヒをみたが、こんなものは、やめた方がよい。

無事、ロンドン、Miss Brett宅につく。

おわりに

一一月一日　Mon.　sunny

一〇月三一日夜、ロンドンへ帰った。

第二の故郷といまやなったので、懐しい。HeathrowからBEA［国内航空］の車で（40p.［ペンス］）暗い夜道を乗ってくると、何か東京の町なかを走っているように一瞬、錯覚する。Grocester Roadで下ろされ、Kilburnへ行くのだが、久しぶりなものだから、早速underground［地下鉄］をまちがえて、九時半すぎ（Heathrow着は七時）に帰る――ところが、イギリスは実は一時間時間を遅らせていて八時半というわけで、何故かわからぬがMiss Brettは昨年もこうだった、ところが忘れて（時計を進ませるのを）一時間早く起きたりしてたいへんだった――といっていた［夏時間］。

なお、Heathrowでは入国のときWhat do you do?（in England）と聞かれた。結局はhistoryをやっていることで各地を訪問することは納得したらしいが、一寸答を用意するのを忘れて、ブザマ［不様］だった。――あとから考えると、この日は一〇月三一日で、［I.R.A.によって市内どこからでもみえる二〇〇メートルの高さの］Post［Office］［三一階］の爆破された日（その朝）。ややきびしい査問をやったと考えられる。

Londonは意外に暖かった。翌朝の新聞だと正午で一五度（最高一七度）、Paris七度、Lisbon二七度、パリは道理で寒いわけだ。こういうわけで、久しぶりにKilburnの例のIndian curryを食べる。何故かヨーロッパでは目につかなかった。インドはイギリスの植民地だったのだから何故か——ということはないが。

以上、イギリスからオランダへ渡る船で遭った親切な、というかお節介なイギリス人によって、一か月間の日記が残ることになり、イギリスに帰っても、克明につける習慣ができたのは、ありがたく思わなければならないであろう。

〔一〇月三一日前夜、女の声で前述のタワーに爆弾を仕掛けたという予告電話があり、事件発生後、男の声であればI.R.A.のキルバーン部隊（Kilburn Battalion）がやったと電話があったという（The Times, Nov. 1）。なお、第二章で述べたように、北アイルランド問題は、クロムウエルがアイルランドを征服したのち、カトリックに差別政策を実施した一七世紀末からの問題で、一九七〇年七月、イギリスは穏和策を止め軍事力で抑える方針に変え、この一九七一年八月九日非常事態法により、リーダーを裁判なしに拘禁できるようにした。これに反発、I.R.A.「北アイルランドの戦をイングランド諸都市へ拡める」としたのが前述の爆破事件で、一九九八年八月現在もThe Real I.R.Aによる二八名死亡テロは、二七年後も続いている。〕

一一月一七日　Sun.　cloudy/shower

〔前略、書翰形式〕

一〇月一日～三一日までヨーロッパ一三か国とギリシャを訪れましたが、痛感したのは、民族のちがいはなく、階級のちがいがあるのみ——ということでした。どうして二つの大戦を経たにも不拘、否、その故に、民衆は豊かにならないのだろうということでした。

とくに、フランスはマルセーユでみた旧植民地やトルコなどから続々と到着する出稼の男たちの暗い、一途な表情は忘れられません。また、ギリシャ、スペイン、ポルトガルなど軍事政権［一九七一年現在］の警官が、いたづらに権威めかしているのもコッケイでしたが、日本のように、ピストルをもっているポリスはどの国にもいないことは銘記すべきことではないでしょうか。

今回のヨーロッパの旅の目的は四つあります。

(1) 歴史博物館、武器（紛争）博物館、海洋博物館の歴訪――とくに各国の首都にある

(2) ギリシャ、ポルトガル、オランダ、北欧など辺境の、ヨーロッパ中央にもっている文化的位置

(3) 懸案の場所を目でみること
　アクロポリスの丘――ギリシャ
　ポンペイの廃墟――イタリア
　ツーロン港（ヨコスカのモデル）――フランス
　ベルサイユ宮殿とバスチューユ跡――フランス

(4) 以上を綜合してイギリスと比較する

(1)と(3)については不充分ながら、ほぼ目的を達しましたが、(2)はややむずかしく、結局、今は(4)についてしか感想をもっていませんが、イギリス、とくにロンドンは、ヨーロッパ各国が（現に）もっている欠陥を除外、もっとも進んだところだけをとり入れ、また、改良した近代都市の完成形態であるということです。

路面電車は早く解消、地下鉄は一八六三年開通。一〇〇年前から発達している。traffic warden（交通婦人警官）を多数くりだし、不当駐車を徹底的に取締る。公衆便所をいたるところ設け、お湯もでる、紙もあり、ないときは温風でかわかす装置がある。管理人（attendant）を住込ませている。住居は二軒長屋で貧富の差が当面みえないようにし

た。歩道はできるだけ広くとり、車道も広く、交通渋滞、火災を未然に防いだ。公園、ベンチ、など公共施設の重視。国立（National）である限り、入場料をとらないのはイギリスだけ。社会保障制度。

つまり、イギリス自身が他のヨーロッパ国より後進国だから、やれたことで、以上のことを守るためには、あらゆる努力をしています。

「private」という立札を設け、「public」と厳然とわけた。とはいえ、公共はそれとしてあくまで尊重されねばならず、公共の litter（ごみすて）にもしも不適当なものを捨てた場合、10£［一〇ポンド］の過料をとると表示してある。汚したときは5£以内の罰金。地下鉄でも emergency［緊急］のひもを不適切にひいたとき25£、エスカレーターを不適切に止めたとき25£（？）。

あなたが規則を守れば規則はあなたを守る――というわけです。

かような民衆の合意に基づく（democracy）、完成された社会となると、現象的には却って Piccadilly Circus（唯一のネオン・サインが許されている地域）ではヒッピー（Hippie clan）を生み、イギリスがヨーロッパ中で若者が一番、髪をのばして汚い、せい一杯、無害な反抗を示しているが、壁は厚いように思われます。

社会保障の充実で食うには困らないが、この種の研究も示しているように social mobility はまるでなく、そのため悠々として地盤沈下を示していく。社会の抵抗を排して一〇進法（七一年二月一五日［それ以前一ポンド＝二〇シリング、一シリング＝一二ペンスは廃止、一ポンド＝一〇〇ペンス］）を行ない EEC［EC］加盟を決めたが［七一年六月二三日］、活気というものがないから、失業者は一〇〇万人に近く（*the Daily Telegraph*、一一月一九日）、その没落は予告されざるを得ない――というわけです。

〔以上で日記を終わるが、地名はその国の綴りで記した。最後に“Europe at $5 a day”とあり、貧乏旅行であったことがわかる。」

あとがき

本書は「日本の近代化」を、英米研究者の視点を紹介し、外地での経験を交えて、文化社会から経営組織も再考した。しかし、この問題は終結していない大きな問題である。

では、個人の目で英米日を比較するとどうなるか。衣では英の背広が世界の制服となる。ロンドン、リージェント・ストリートにSavil Rowという仕立屋街があり、「背広」の語源で一着買う。ネクタイも買ったらウール製だった。米はジーパン（jeans pants）で労務用に開発。当初、女子は着用禁止だったが、今や世界的なズボンに。日は着物。『戦後海運業の労働問題』（冲永賞）副賞五〇万円で家内に留袖を買おうとしたが、この金額では無理だった。家紋を付け、男女で襟の結び方も違い、世界普及とは無縁。

食では、英は紅茶。英留学以降現在まで我家の朝食は、紅茶・卵・パン。米はコーラか。米学者W家に夏休み、伊豆拙宅を貸したら、コーラの瓶が沢山残されていた。日は醤油か。二〇〇一年滞英時、中華ふくむ大部分の店に瓶が置かれていた。住は英米に、日も近づいたが、靴を履いたままか脱ぐかは、変化なし。

アメリカには、一九七九年にミネソタ大学に研修滞在。Golden Gopher（北米産・地ネズミ）が大学のマーク。ミネソタ州の愛称もGopher State。ネズミというより大きなリスで方々で走り廻っている。ミシシッピー川源流地。製粉法開発で、製粉で米国一の州となった。同大学尾形克彦教授と朝子さん（家内珠子と立教大英米文学科同期）の紹介で大きな二階建を借りられ、感謝したい。芝刈機を要する広い庭、地下室が遊技室。息子さんの隆彦君や近所の子と、拙息子千果（一橋大卒、現、化学会社部長）も遊んだ。男の子達は、知らない吾々にも、にこやかに挨拶する。近所のプールある家で、泳がせてもらった。息子は、この遊技室のせいか、横浜市中学卓球選手権で銅メダルを二年後、獲得した。妻ひとみ、子に咲喬。

娘里花（現、英語講師）は、英文科に入って日本の文化を伝えたいといった。それなら、日本歴史が先だと、遠山茂樹教授もいた横浜市大日本史学科に受かり、大学二年頃、拙大学米人教授に英会話を学ばせた（かれは教えている時は部屋の扉を一寸開けており、そのマナーに感心）。第二回A・G・E杯 speach contest で三位受賞。卒業後、一人で米の大学に留学していた。娘は米の小学校で日本文化を教え、目的を果したが、カギでの入退室が大変だったそうだ。夫福島一公、子に光宏・くるみ・好宏。

欧米の食事は、ナイフとフォークでだが、父銈吉が国立銀行丸の内支店におり、子供達をよくレストランで食事させた。筆者がイギリスで下宿（Bed & Breakfast）した最初の日の朝食後、下宿のおばさんがきれいに食べ終えた拙皿をじっとみて、同居の二人の日本人学者よりきれいなので、以後、信頼された。アメリカでは皿や食器は皆大きく量も多く、吾々になじまなかった。

兄一明の銀行の各国支店長会議がロンドンで開かれた時、「そこで待ってくれ、迎えに行くから」と空港に電話し、会えたが、兄は「流暢な英語で連絡があった」と事務員がいったが「在英二カ月で、よくもそこまで」というので、「下手な会話を皮肉ったんだ」と答えた。

アメリカは、一七七三年のボストン茶会事件から七六年独立。憲法制定し、ボストン港には一七九七年建造の戦艦 Constitution 号が浮ぶ。南北戦争で北軍勝利。一八六〇年、リンカーン大統領就任・暗殺。戦争の跡、各地に見られる。在米中のニューヨークの地下鉄は落書だらけで、乗客は危険を考え、運転席に近い車輛に乗っていた。Woolworth の端数（odd price）売場は99や169など9で終っていた（日本は8が多い）。シカゴでは、Hilton 創業時のホテルがあり、当時世界最多の二、三四一室（英米の企業者活動については、拙著『経営史——企業と環境——』参照）。

筆者の旧制中学（東京高師附属中、現、筑波大附属中・高）の英語の先生から“stick for your bush”を教わった。苺を探して見付けられないと、すぐ他の藪を探してしまうが、しっかりと最初の藪を探すと、美味しい苺が見付かるという諺である。研究には、この諺で試行してきた。

そして、拙名の彬は論語の「文質彬彬」から来ており、これを母ヨシが九一歳の「平成四年元旦」に色紙に書いた額、部屋に飾ってある。「文武両道」のことで、陸上部長・監督として第三七回町田武相駅伝優勝（八六チーム中）、初めて箱根駅伝に出た九四年、一区・四区は拙ゼミ生で、後者F君の走る姿が市広報『おだわら』正月号表紙を飾った。拙ゼミ生は運動靴を贈るのが伝統で、二〇一〇年一一月三日瑞宝中綬章受章祝にも贈られ、そのシューズで毎朝ジョギング。風邪ひかず胃こわさず「継続は力なり」をモットーにできた。中学の通信簿は歴史、美術、体育は「秀」、地理は「可」。それが、本書欧米旅行記に反映していると思う。

週刊誌 TIME ロンドンオリンピック直前特集号表紙は、日の丸を胸にした澤穂希がボールを蹴っている姿。自国のみにこだわる日本と違うアメリカの大国姿勢を感じた。

本書刊行の動機には、西川純子・高浦忠彦編『近代化の国際比較——経済史的接近——』（世界書院、一九九一年）を拙還暦論文集として一六人の研究者から寄稿いただき、『経営史学』三〇巻一号（一九九五年）に小林袈裟治氏が書評され、九七年に再版されたことにある。「近代化」は、追求すべきテーマとして再認識した。本著第四章は、中川敬一郎東大名誉教授喜寿論文集、森川英正・由井常彦編『国際比較・国際関係の経営史』（名古屋大学出版会、一九九七年）に寄稿した論稿である。今や、米研究者は、日本の〝文化から組織へ〟注目していると指摘、本書の副題とした。世界の国内総生産額順位一～三位に、米・中・日が入る現在、「近代化」論も新しい段階に入った。前掲拙還暦論文集も欧米・日本・東アジアの三部から成り、今後の「近代化」の方向を模索できることを感謝したい。

御茶の水書房は、私の楫西光速指導教授の『日本における産業資本の形成』（一九四九年）や『日本経済史』（一九五二年）を出版され、六四年恩師急逝後も、ゼミや講義で使わせていただき、拙ゼミ出身の矢嶋道文『近世日本の「重商主義」思想研究』（二〇〇三年）を出版、拙著をこのたび出せた絆を心から喜びたい。

本書刊行を即決された橋本盛作社長と、編集を担当された小堺章夫氏に感謝する。

二〇一四年一〇月一日

カッコーが啼く町田にて

小林正彬

初出一覧

第一章　「日本」古沢友吉・真田是編『市民社会の基礎原理』同文舘、一九七七年四月

第二章　「イギリスから見た日本」「続イギリスから見た日本」『経済系』第九二集、第九四集、関東学院大学経済学会、一九七二年七月、一二月

第三章　「日本から見たイギリス」『経済系』第一六〇集、一九八九年七月

第四章　「経営近代化の国際比較――アメリカの日本研究にみる――」森川英正・由井常彦編『国際比較・国際関係の経営史』名古屋大学出版会、一九九七年一二月

第五章　「『日本近代化論』再考」『経済系』第一九四集、一九九八年一月

補章　「滞欧日記」『自然・人間・社会』第二六号、関東学院大学経済学部総合学術論叢、一九九九年一月

▒著者紹介
小 林 正 彬（こばやし・まさあき）
1931年　東京生まれ
1953年　東京教育大学（現、筑波大学）文学部社会科学科経済学専攻卒業
1959年　同大学院文学研究科社会学専攻博士課程単位取得
現　在　関東学院大学名誉教授
　　　　法政大学大学院日本史学・国際日本学インスティチュート兼任講師
　　　　（1991年4月～2007年3月）
　　　　経済学博士（東京大学）

▒著　書
『日本の工業化と官業払下げ―政府と企業―』東洋経済新報社、1977年
『八幡製鉄所』教育社、1977年
『海運業の労働問題―近代的労資関係の先駆―』日本経済新聞社、1980年
『近代日本経済史―西欧化の系譜―』世界書院、1983年
『政商の誕生―もうひとつの明治維新―』東洋経済新報社、1987年
『経営史―企業と環境―』世界書院、1991年
『戦後海運業の労働問題―予備員制と日本的雇用―』日本経済評論社、1992年（冲永賞）
『政府と企業―経営史的接近―』白桃書房、1995年
『通産省の起源と政府―アメリカ日本研究と関連して―』世界書院、1999年
『三菱の経営多角化―三井・住友と比較―』白桃書房、2006年
『岩崎彌太郎―治世の能吏、乱世の姦雄』吉川弘文館、2011年

▒編　著
『日本経営史を学ぶ』1～3、有斐閣、1976年
『高島炭礦史』三菱鉱業セメント、1989年

▒共　著
『近代化の国際比較―経済史的接近―』西川純子・高浦忠彦編、世界書院、1991年
『国際比較・国際関係の経営史』森川英正・由井常彦編、名古屋大学出版会、1997年

英米《えいべい》と日本《にほん》の近代化比較《きんだいかひかく》――文化《ぶんか》から組織《そしき》へ――

2015年3月21日　第1版第1刷発行

著　者　小林正彬
発行者　橋本盛作
発行所　株式会社　御茶の水書房
〒113-0033　東京都文京区本郷5-30-20
電話　03-5684-0751

Printed in Japan　印刷・製本／東港出版印刷㈱

ISBN978-4-275-01094-0　C3033